ニュースの深層が見えてくる
サバイバル世界史

茂木 誠

青春新書
INTELLIGENCE

ニュースの深層が見えてくる サバイバル世界史◆目次

第4章 日本人にはわからない大陸国家《ランドパワー》の行動原理——〈ロシア編〉 119

プロローグ――世界史とは、人間の群れ同士の〝サバイバル・ゲーム〟である

みなさんは学生時代、第二次世界大戦がどのように終わったと教わったでしょうか。

高校の世界史の教科書には、「新しい戦後の秩序と理念を示した連合国側が多くの国々の支持を集め、ファシズム諸国を倒した」という歴史観が示されています。

つまり、悪に対する正義の勝利。正義は勝つという物語です。これが本当なら、戦後の世界は戦争のない平和な理想郷となっていたはずです。

ところが、みなさんもご存知の通り、ソ連のアフガニスタン侵攻、湾岸戦争、イラク戦争、コソボ紛争、シリア内戦、ＩＳの台頭、テロの激化……と日々、争いは続いています。

なぜ、これほど文明が発達しても世界から争いがなくならないのか。日本の周辺も騒々しくなりつつある今、世界で日々起こっているニュースの深層を知るうえで、その根源的な原因を押さえておくことは、非常に重要です。

世界を動かす3つの大きな力

そもそも世界のいかなる国にも共通するのは、それが人間の集団である、ということです。

人間はサルから進化した哺乳動物であり、常に群れを作ります。サルの群れは縄張りを作り、食糧を確保して生活します。しかし、そこに別の群れが獲物を求めて入り込んだとき、衝突し、争いが起きるわけです。

この原則は、人間が人間であるかぎり、変わりません。そして、ある地域に住み着いた「群れ」の延長線上に作られたのが国家ですから、国同士が争うのは当然なのです。

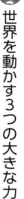

もし、地球が無限に広く、衝突を避けて新天地を開拓できるのであれば、争いのない世界になっていたかもしれません。

しかし、面積には限りがあり、人口は増え続ける以上、食糧、資源、縄張り、よりよい環境を求めて、国家という群れ同士は争う宿命にあるのです。不毛な土地に住み着いた群れは、よりよい環境を求めて戦いを挑み、恵まれた土地に住み着いた群れは生活を守るために戦います。群れの行動原理は次の3つのポイントにまとめることができます。

基本ポイント1 「資源」の奪い合い

石器時代から人間は食糧、水、森などの確保のために争ってきました。その争乱の種は石炭、石油、海洋資源などに変わっていますが、人間の集団が資源を巡ってぶつかり合う図式は同じ。戦争の背景には資源があります。日米戦争は、アメリカが石油の供給を止めたことからはじまりました。湾岸戦争、イラク戦争の本質も、油田の争奪でした。

基本ポイント2 住みやすい「土地」の奪い合い

温暖で、水が豊富にあり、農作物が育ちやすい土地。寒冷で冬は氷に閉ざされ、食糧難となる土地。どちらに住みたいかと言えば、答えは明らか。人間はよりよい条件の場所を奪い、守るために戦ってきました。ロシアが起こした数多くの戦争は、農業可能な温暖な土地を求める「南下政策」として説明できます。

基本ポイント3 「通り道」の奪い合い

交易が盛んになり、ヒト・モノ・カネが行き来し始めると、通り道の奪い合いが始まりました。陸路、海路ともに重要な拠点を巡って争いが起き、国境線は何度となく書き換えられてきたのです。イギリスが起こした戦争の大半は、植民地インドや中国市場への貿易ルートの確保が目的でした。

たとえば、ロシアは農業に適した「土地」、冬でも凍らない海という「通り道」を求めて南下することを求め続け、イギリスやアメリカは「資源」を得るために中東へ介入し続けます。

それはサルの時代から変わらない単なる縄張り争いなのですが、人間は知恵を持ったため、争いに「看板」を付けるようになりました。

イデオロギーも宗教対立も、本能を隠すための「看板」

その代表例が宗教であり、イデオロギーです。帝政時代のロシアは南下政策を正当化するために、同じスラブ系民族の独立を助けるという看板「汎《はん》スラブ主義」を掲げ、領土を広げました。それは「大ロシア主義」を掲げるプーチンも同じです。

20世紀のアメリカは、民主主義と市場経済で世界をよりよくするためと称し、「世界の警察」と自称しました。

先の大戦で日本は「大東亜共栄圏」、米英は「自由と民主主義」という「看板」を掲げました。しかしあの戦争の本質は、中国市場と東南アジアの石油の奪い合いだったのです。

私たちは頭でっかちになっていて、これらの縄張り争いの「看板」だけに注目しがちです。「この紛争は宗教を巡る戦いだ」「あの戦争は、イデオロギーの激突だった」と。でも、その背景には、必ず「縄張りを広げたい」「資源が欲しい」「もっといい土地で暮らしたい」という本能が隠されているのです。

こうした「群れの本能」を学問として考えたのが、帝国主義の時代に生まれた「地政学」でした。19世紀から20世紀にかけてのイギリスの地理学者ハルフォード・マッキンダー、ドイツのカール・ハウスホーファーらが、「大陸国家（ランドパワー）」と「海洋国家（シーパワー）」の戦いというモデルを提示しました。

イギリス人のマッキンダーは古代以来、ヨーロッパはフン族やマジャール人、モンゴル人などのランドパワーに脅かされ続け、大航海時代以後は逆にヨーロッパのシーパワーが覇権を握ったと考えました。そして、彼の生きた時代は鉄道の発達によってランドパワーのロシアとドイツが台頭してきました。

そこで、マッキンダーは海軍による海の通り道、海上交通路（シーレーン）を確保するため、イギリスを中心とするアメリカ、オーストラリア、日本などのシーパワーの連合がこれに対抗しなければならないと説きました。

資源、土地、通り道を巡る国同士の覇権争いを地理的な条件、交通手段など、リアリズムの視点から説明するのが地政学です。

たとえば、国境を接していると領土紛争や移民問題は必ず発生するので、隣国同士は潜在的な敵だと考えます。アメリカが超大国となった理由を地政学的に言うならば、欧州大陸から3000キロ余り離れ、国境を接し、安全を脅かす強国がない「巨大な島」だからとなります。

この視点で考えると、アメリカが「世界の警察」という「看板」を掲げた経緯がスッキリとわかります。彼らは恵まれた「土地」で力を蓄え、「通り道」の安全を確保する軍事力を持ち、さらなる「資源」を手に入れるために動いたのです。

地政学上、過酷な条件下で群れを作った北朝鮮

（地図1）半島国家（北朝鮮・韓国）の過酷な宿命!?

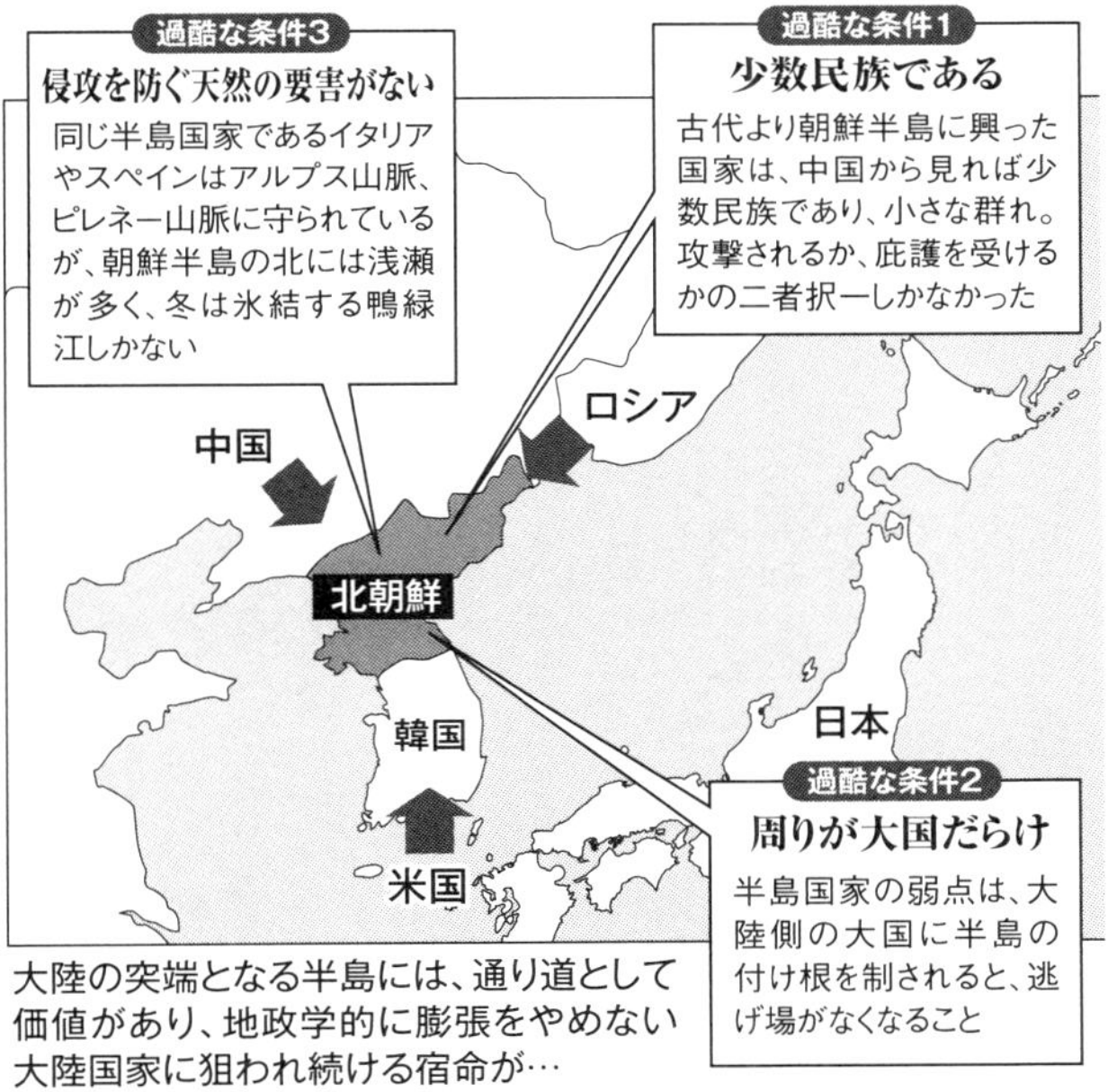
過酷な条件3
侵攻を防ぐ天然の要害がない
同じ半島国家であるイタリアやスペインはアルプス山脈、ピレネー山脈に守られているが、朝鮮半島の北には浅瀬が多く、冬は氷結する鴨緑江しかない
過酷な条件1
少数民族である
古代より朝鮮半島に興った国家は、中国から見れば少数民族であり、小さな群れ。攻撃されるか、庇護を受けるかの二者択一しかなかった
ロシア
中国
北朝鮮
韓国
日本
米国
過酷な条件2
周りが大国だらけ
半島国家の弱点は、大陸側の大国に半島の付け根を制されると、逃げ場がなくなること
大陸の突端となる半島には、通り道として価値があり、地政学的に膨張をやめない大陸国家に狙われ続ける宿命が…

こうした根っこの部分を見逃して、ニュースで流れてくる理屈付けに引っ張られてしまうと、出来事の本質に気づくことはできず、混乱することになります。

たとえば、北朝鮮がなぜ核開発を進め、どれだけ非難されてもミサイルの発射実験を続けているのでしょうか。

それは（地図1）で解説している半島国家であることと密接に関わっています。

地の果てまで縄張りを広げたいという本能を持つ、大陸国家（ランドパワー）の中国・ロシアと国境を接する半島国家・北朝鮮は生き残りのため、常に面従腹背《めんじゅうふくはい》を続けてきました。内では民族の独自性をアピールし、結束を高め、外へは従う振りをして反抗する。その理屈付けが主体思想《チュチェ》です。ロシア、中国を批判して、最も純粋な社会主義国家は北朝鮮であるとし、自衛のための道具として核兵器を開発しているわけです。

日本人の感覚からすれば、独裁者を倒し、民主化すればいいと思うかもしれません。しかし、民主主義がきちんと根付いているのは、地球上でヨーロッパと北米、日本、オーストラリア、インドくらいのものです。

民主国家に共通しているのは海洋国家（シーパワー）の島国であるか、大陸国家（ランドパワー）であっても、自然の要害に守られた安全地帯に位置すること。別の群れに縄張りを荒らされることが少なく、のんびり話し合いで物事を決められる環境があったからこそ、民主主義が生まれ、根付いたと言えるのです。

一方、縄張りを広げる本能が強い大陸国家同士やその周辺諸国は、頻繁に襲い、襲われるを繰り返してきました。

のんびりと話し合う余裕はなく、力のあるリーダーに従うことで危機を回避し、群れの生存を図ってきたのです。

ロシア、中国、中央アジア、中東などに独裁政権が多く、民主主義が定着しない理由は、このような地理的条件と深く関わっています。住み着いた土地の環境によって群れの民族性が定まっていくのです。

混乱の中東情勢を作り出した英仏のサバイバル・ゲーム

もう一つ例をあげます。

ブッシュ大統領は、イラク戦争に踏み切るとき、第二次大戦後の日本の民主化の成功を例に、「中東の民主化を推進する」と表明しました。欧米の価値観（看板）をアラブ世界に押し付けたことが、さらなる流血を招いたことは、その後の情勢が証明しています。

イスラムの過激派武装組織ＩＳ（イスラム国）が、イラクとシリアの国境付近を中心として両国の相当部分を武力制圧。新国家の樹立を宣言して以来、中東の混乱は頂点に達しました。

ＩＳが誕生した直接的な原因は、イラク戦争の失敗にありますが、より根本的な原因はオスマン帝国がイスラム世界を支配していた19世紀にまで遡ります。

オスマン帝国は、トルコからバルカン半島、エジプト、アラビア半島までの広大な範囲を支配下においていました。支配層はトルコ人でしたが、支配下にはキリスト教徒のヨーロッパ人、アラブ人、クルド人もいる多民族国家で、特定の宗派を優遇すると反乱が起きるため、各民族に自治を認めてゆるやかに国を治めていました。

そんなオスマン帝国は20世紀初頭の第一次世界大戦でドイツ側に付き、イギリス、フランス、ロシアなどの連合国と戦うことになります。連合国側はアラブ人の民族独立運動を煽《あお》り、オスマン帝国を崩壊へと導きました。

この戦争のさなか、イギリスとフランスの間で交わされた密約が、サイクス・ピコ協定です。両国はオスマン帝国を倒した後、アラブ人の住む「土地」と、そこにある「資源」、アジアの植民地への「通り道」を山分けしようと勝手に国境線を引き、分割しました。

シリアとレバノンはフランス、その南側のヨルダン、イラクはイギリスという区分けで、イギリスは当時最も重要な植民地であったインドへの「通り道」を確保したのです。

このときイギリスとフランスが定規で引いた線が、今のシリアとイラクの国境線になっています。中東に不自然で直線的な国境線が引かれているのは、こうした歴史があるからです。

（地図2）英仏によって都合よく引かれた中東の国境線

▶第一次世界大戦時のオスマン帝国

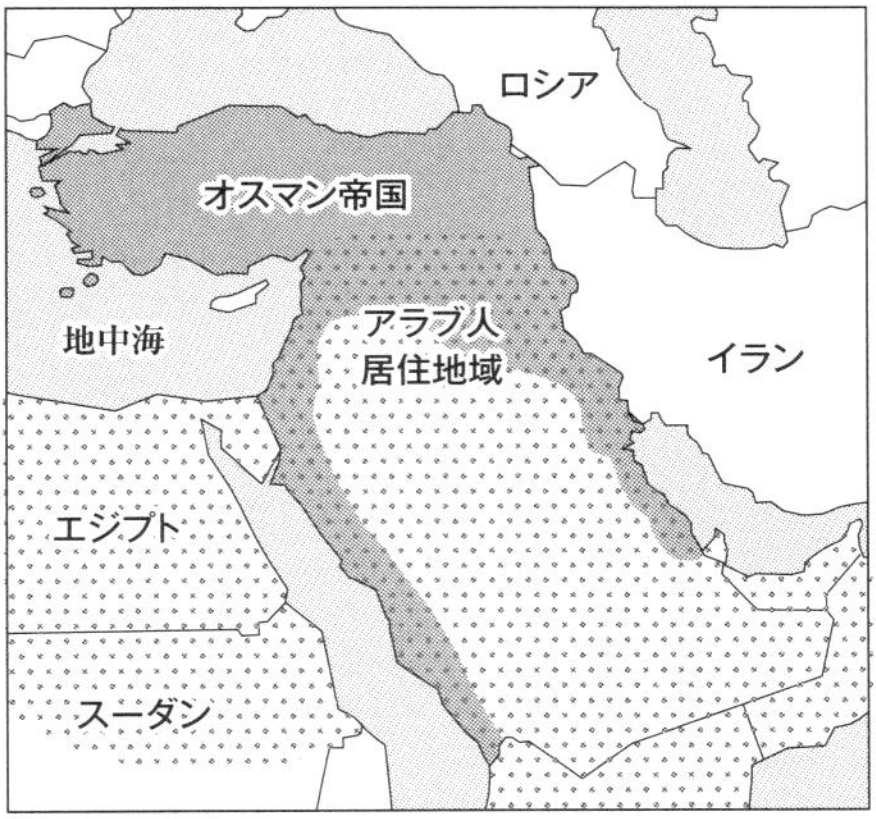

▶サイクス・ピコ協定による中東の分割（1916年）

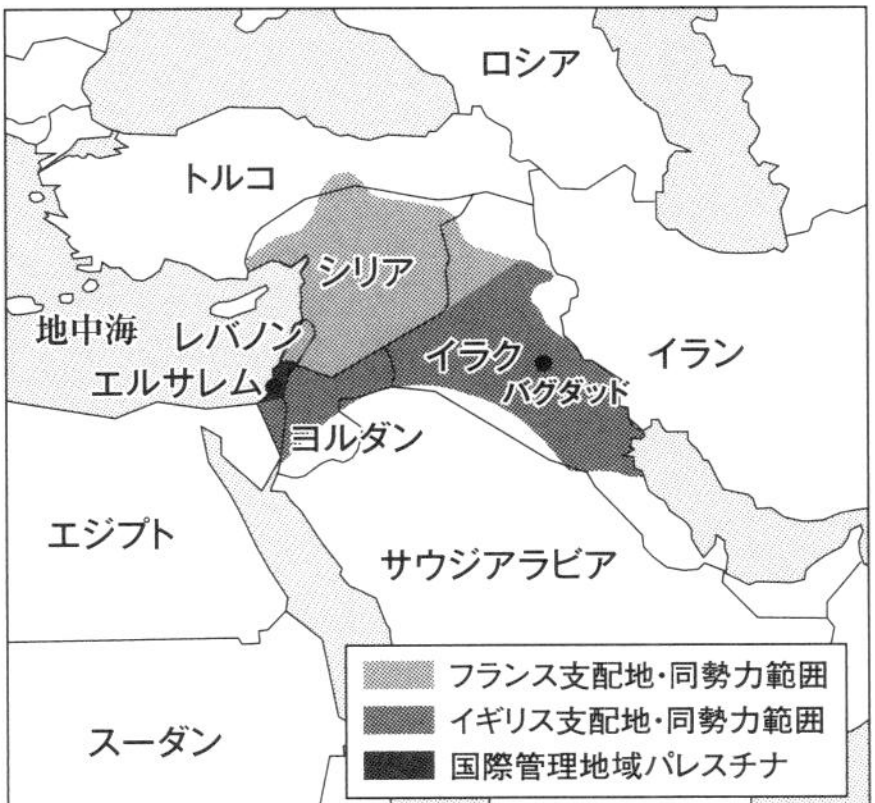

「土地」と「資源」、「通り道」の確保のために、イギリスとフランスによって勝手に引かれた国境線が、現在に至るまで中東の諸問題の大きな要因になっている

人工的に作られたイラクは南東部にイスラム教シーア派、西部にスンナ派（スンニ派）、北部にクルド人というふうに異なる民族や宗派が混在したまま建国されました。結果的にイラクは一つの群れとしてまとまることなく、イラン・イラク戦争、湾岸戦争、イラク戦争などを経て、混迷を極め、ISの拠点となっていったのです。

ISは「サイクス・ピコ協定で引かれた国境は認めない」と主張してきました。米露軍の空爆に支援されたクルド人武装組織がISの「首都」ラッカを陥落させましたが、今後、どのような戦後処理が行われるのか。欧米や日本での成功例を中東にそのまま輸出しても、さらなる混乱を招くだけでしょう。

私たち日本人がより良いと思っていることも、海に守られた島国という特殊な環境によって育《はぐく》まれたものに過ぎません。自分たちの常識、モノサシで世界を測ろうとすると、イラク戦争のように大きな判断ミスにつながる可能性があります。

私たちは美しい「看板」に惑わされず、サバイバル・ゲームというリアルな視点を持って、世界史や今の国際情勢の変化を見つめる必要があります。それを本書ではお伝えしていければと思います。

第1章

歴史が教える拡大・中国の行方と朝鮮半島情勢

〈東アジア編〉

北朝鮮の暴走で混沌とする東アジア情勢の行方は?
(平壌での軍事パレード)

Astrelok/Shutterstock.com

*中国編

基本ポイント1　海側から攻められた経験が少なかったため、海軍の整備が遅れた

常に北方の遊牧民に脅かされ、南シナ海、東シナ海から中国に攻め込む国がなかったため、海洋に無関心だった中国。１８４０年のアヘン戦争でイギリス海軍、１８５６年のアロー戦争でイギリスとフランスの連合軍に初めて本格的に海から攻め込まれ、大敗します。

これに強い危機感を持った清朝は、ドイツから最新鋭の戦艦を購入し、１８８８年に近代的な海軍である北洋艦隊を配備。ところが、わずか7年後、日清戦争（１８９４～95年）で北洋艦隊が壊滅、清朝は国力と威信を喪失することになりました。

基本ポイント2　北からの脅威が弱まり、史上初と言える海軍大増強時代に

匈奴《きょうど》、女真《じょしん》、モンゴル、そして、ロシア。中国の歴史は、北方民族による侵略との戦いの歴史でした。この途切れることのない北の脅威が、ソ連崩壊と新生ロシア（エリツィン政権）の混乱によって薄れます。

北から国境を睨《にら》んでいたソ連軍の脅威が薄れたため、日清戦争で失って以来の海軍大増強時代に突入しました。

基本ポイント3　中国は何を狙い、海洋進出を始めたのか

冷戦終結後の1992年、フィリピンから米軍が撤退した空白をつき、南シナ海に進出。その狙いは海底資源や中東からの石油輸送ルートの確保に加え、水深の深い南シナ海に中国海軍の原子力潜水艦を潜航させることにあります。その先には、「列島線」（33ページ）を防衛ラインとした太平洋進出の野心があるのです。

＊朝鮮半島編

基本ポイント1　金日成がソ連・中国と手を組み、北朝鮮を建国

第二次世界大戦での日本の敗戦を受け、ソ連に亡命していた金日成《キムイルソン》が帰国。ソ連・中国の軍事援助を背景に北朝鮮を建国し、大韓民国と朝鮮戦争に突入します。中ソ対立が始まると、金日成は独自路線に転じて独裁化し、親ソ派、親中派を粛清。

同時期、お隣では親米派の李承晩《イスンマン》らが親日派を国賊として排除し、大韓民国を建国。韓国は米軍の軍事介入を要請し、朝鮮戦争を戦い、北緯38度線が両国の境界線となりました。戦後はアメリカと日本の経済支援で立ち直ります。

基本ポイント2 **金正日が真の社会主義国＝北朝鮮とする主体《チュチェ》思想を継承**

金正日は、父・金日成が作り上げた「中ソいずれにも属さず、本物の社会主義国は北朝鮮」とする主体《チュチェ》思想を継承します。アメリカに接近する中国を侮蔑し、ソ連の崩壊を失敗した社会主義国として批判。国際社会から孤立した北朝鮮は、核開発に乗り出します。しかし、経済は行き詰まり、中国の影響力が強まっています。

基本ポイント3 **金正恩が親中派をことごとく粛清。3代目は孤立を深める**

親中派の長男の金正男を排除し、権力を引き継いだ金正恩《キムジョンウン》。父を支えた軍と労働党の長老、叔父で親中派の張成沢《チャンソンテク》らを粛清します。以後、側近を自分に忠誠を誓う人間で固め、経済的なつながりの強かった中国との関係も悪化。国際社会へ存在感をアピールするかのように水爆実験とミサイル発射を繰り返しながら、孤立の道を歩んでいます。

金正日時代から改革開放政策を迫り、これを拒否する北朝鮮と緊張関係にあった中国。それでも非公式の援助を行うなど一定の関係を築いていました。しかし、金正恩の暴走により、政策を転換する可能性が高まっています。

1 中国は本気で日本の海を奪おうとしているのか？

南シナ海の南沙《なんさ》諸島を占拠、要塞化したことに加え、尖閣諸島への野心も隠さない中国。空母を建造するなど、海軍の増強に力を入れています。近年、中国はなぜ海洋進出し始めたのでしょうか？　裏を返せば、どうしてこれまで海へ出てこなかったのでしょうか？

中国は〝四千年間〟同じ歴史を繰り返している？

中国の海洋進出の理由をしっかり理解するためには、中国史についてざっくりと押さえておく必要があります。急がば回れ。歴史的な背景を掴んでおくことで、「今、ここ」で起きている出来事の背景が見えてくるのです。これはすべてのニュースを深く知るために共通する方法だと言えます。中国の海洋進出も、中国史を振り返ることで、「なぜ、今なのか」「この先、どうなるのか」が見えてきます。

「中国四千年の歴史……」などといいますが、実は中国史の授業は単純なものです。というのも、登場する国、人物は変わっても、栄枯盛衰はワンパターンだからです。

教科書を開けば、秦、漢、隋、唐、宋、明、清など、いくつもの統一国家誕生の歴史が書かれていますが、純粋な漢民族の王朝は、漢、宋、明だけ。残りは遊牧民が建てた王朝です。

どの王朝も、広すぎる国家を経営するために築いた巨大な官僚機構に腐敗が広がる一方で、北の国境の防備を固めるための軍事費がかさみ、農民の税負担が増す構造から逃れることができませんでした。

その結果、人民の不満が頂点に達すると革命が起き、混乱に乗じて北方民族が侵入。国内はいくつかの小国に分かれ、荒廃し、再び強力な指導者が統一を目指す……。

中国は典型的なランドパワーの国（大陸国家）で、常に北から南下しようとする遊牧民の脅威にさらされてきました。北側の寒い地域では農業ができず、常に食糧難の危機を抱えています。

簡単に言うと、人間はお腹が減ると荒っぽくなります。南の中国は環境に恵まれ、麦、米など、農業が盛んです。そこで、遊牧民たちは馬に乗り、「食い物をよこせ」と攻め込んできます。

陸続きの国境の向こうから強力な騎馬軍団が何度となく南下し、食糧を奪いにやってくる……。その恐れを象徴するのが万里の長城です。

現存している万里の長城は明の時代に整えられたものですが、もともとは紀元前3世紀、秦の始皇帝が匈奴の攻撃から国土を守るために建設しました。しかし、8000キロ以上に及ぶといわれる城壁の全面に訓練された軍隊を張り付かせるのは至難の業です。

万里の長城ができた後も北方民族は何度となく南下し、度重なる戦闘と土木事業が王朝の財政を蝕《むしば》みます。秦は対匈奴政策によって財政的に疲弊し、重税への反抗から起きた国内の反乱がもととなって滅んでいったのです。

中国史は基本的に、このサイクルの繰り返しです。そして、北方民族による侵略の最悪のケースが、13世紀、フビライ・ハンに率いられたモンゴルでした。中国全土を征服され、モンゴル人の国、元にのみ込まれます。

その元に1世紀以上支配された後、モンゴル人を追い払って作られた王朝が、明です。現在残っている万里の長城が明代のものであるのは、それだけ北の脅威を深刻に捉えていたことの表れでしょう。

こうした歴史の繰り返しが、現在まで中国が南へと海洋進出してこなかった理由ともつながっています。端的に言えば、国力を投じて海に出る余裕がなく、また海から攻めてくる敵もいなかったので海軍を整える必要もなかったのです。

中国では戦といえば陸戦。それはソビエト連邦が崩壊する20世紀末まで続き、中国の軍隊の主力は、常に北の脅威に備える陸軍が占めてきました。ビジネスマンにも読者の多い戦術書『孫子の兵法』には海戦のことが一切書かれていません。

中国史上初めて、海洋に本格的に目を向け出したきっかけ

この状況が変化した理由は2つあります。

1つはソ連の崩壊です。中央アジア諸国が独立、ロシアのエリツィン政権の混乱も影響し、北の国境やベトナムに駐屯していたロシア軍が削減され、長らく悩まされてきた陸の脅威が薄れたのです。

もう1つは、がちがちのランドパワー派だった毛沢東以来の経済政策が行き詰まり、共産党内ではシーパワー（海洋国家）派の鄧小平《とうしょうへい》が権力を握ったことです。

（地図3）鄧小平時代に立案された「列島線構想」

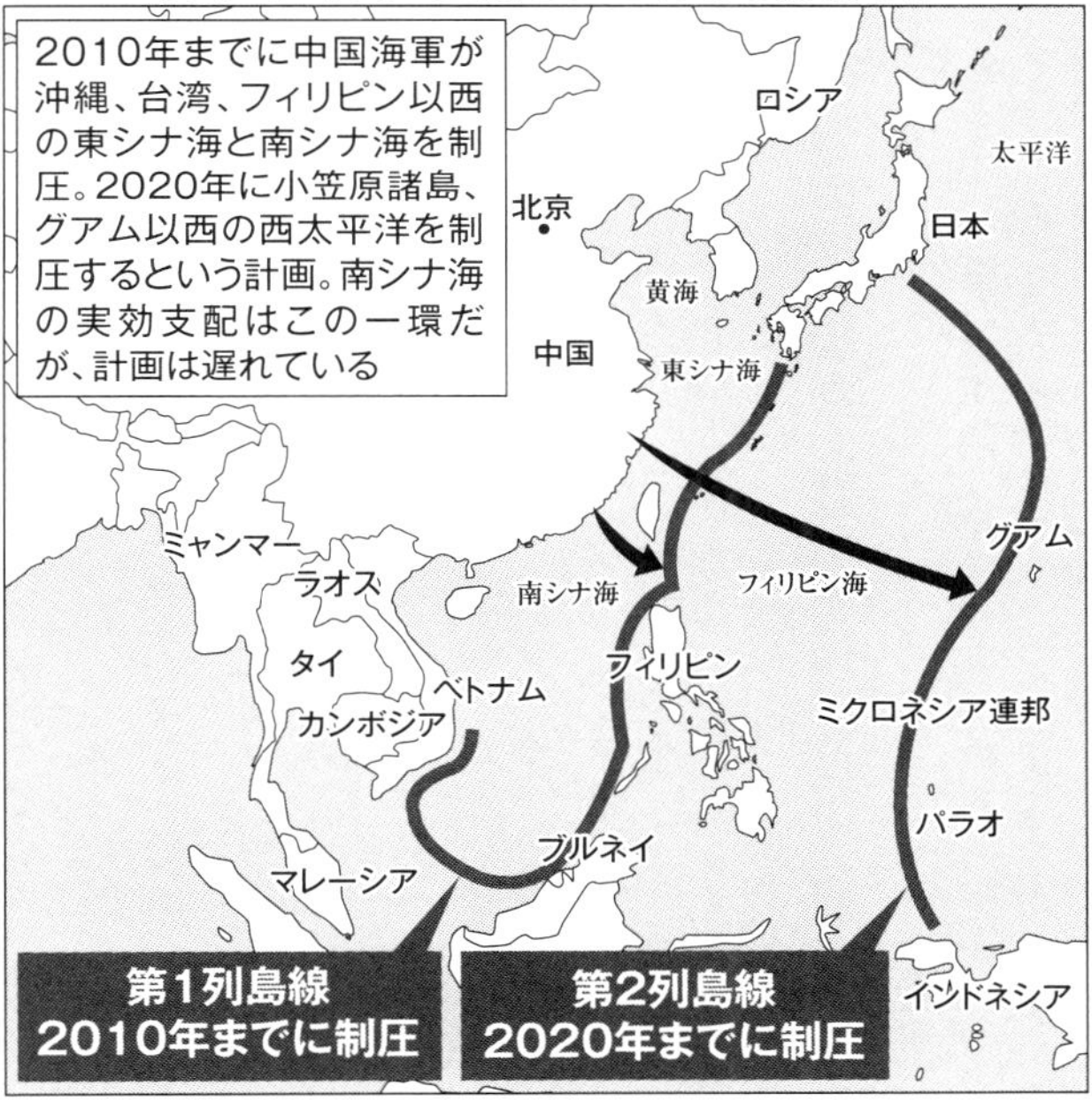
2010年までに中国海軍が沖縄、台湾、フィリピン以西の東シナ海と南シナ海を制圧。2020年に小笠原諸島、グアム以西の西太平洋を制圧するという計画。南シナ海の実効支配はこの一環だが、計画は遅れている
ロシア
太平洋
北京
日本
黄海
中国
東シナ海
ミャンマー
ラオス
南シナ海
フィリピン海
グアム
タイ
フィリピン
ベトナム
ミクロネシア連邦
カンボジア
パラオ
ブルネイ
マレーシア
インドネシア
第1列島線
2010年までに制圧
第2列島線
2020年までに制圧

毛沢東という人は商工業にあまり興味を持たず、土地をすべて国有化し、共産党ががっちりと管理する陸軍重視、農業重視の体制を作りました。その過程で同じ共産党政権の隣国であるソ連と手を切り、中国独自の社会主義を目指す「大躍進政策」を始めたのです。

ところが、計画経済と人民公社をベースにした政策はうまくいかず、農業重視にもかかわらず大量の餓死者が出る状況となります。それでも毛沢東は権力を手放さず、「文化大革命」でシーパワー派を弾圧。10年間の大混乱の末、

毛沢東の死により鄧小平の時代がやってきます。

鄧小平は改革開放を進め、社会主義市場経済を導入。国を開き、上海などの沿海中心の経済発展を進める一方で、領海の守備を名目に海軍を増強していきます。その過程で、劉《りゅう》華清《かせい》という中国海軍のトップが海軍のハイテク化と「列島線構想」を立案したのです。

海軍を充実させるには莫大な費用がかかります。これを賄《まかな》うため、鄧小平は西側諸国の投資を呼び込みました。

日本に対しても日中友好を演出。当時、来日した際に尖閣諸島のことを問われた鄧小平は、「尖閣問題については、われわれの世代では解決できないので、これは将来の世代に任せましょう。それよりも今は投資で儲けましょう」と受け流しています。

力がないときは動かず、時機を待つ。この長期戦略は日本の政治家も学ぶべきでしょう。

世界の常識《ルール》が大陸国家には通用しない理由

鄧小平以来の改革開放路線が進む中で、中国にとっては天が味方したと思える事態が起きます。それがソ連の崩壊でした。北からの脅威に備えていたエネルギーを南に向けられる余裕が生まれたのです。

エリツィン政権の混乱後、プーチンが実権を握ったロシアは力を取り戻していきますが、現在の中露関係は資源と兵器の取引で良好な状態にあります。ロシアは、石油やガス、兵器を大量に購入してくれる中国と関係を悪化させる気がありません。

一方、南では東西冷戦が終わったことで、フィリピンから米軍が引きあげるなど、軍事的な空白が生まれました。

この空白を見逃さず、中国海軍は南下。南シナ海の南沙諸島へ進出します。２０１４年から珊瑚礁に大量の砂を運び込み、コンクリートで大規模な埋め立てを始め、合計６つの環礁《かんしょう》を実効支配。３０００メートル級の滑走路を作り、軍事基地化を進めています。

これに対し、フィリピンは反発、オランダ・ハーグの仲裁裁判所に提訴しました。仲裁裁判所は「中国の主張に根拠なし」という司法判断を下したものの、習近平政権は「判決は紙切れ」と取り合いませんでした。

海に守られてきた日本人的な感覚からすると、この「傲慢さ」に驚くかもしれません。しかし、いわばこれはユーラシアスタンダード。常に外敵と陸続きの国境で争ってきたランドパワーの大国は、自国の利益のためにルールを破ることを何とも思いません。むしろ屁理屈だろうが何だろうが押し通したもの勝ちという感覚です。

南シナ海は、日本にとって中東からの石油を運ぶ重要なシーレーンとなっています。この海域を中国海軍が手中《しゅちゅう》に収め、航行の自由を制限することになれば、日本の安全を直接脅かす事態となります。

また、水深の深い南シナ海に中国海軍の原子力潜水艦が潜航することになれば、米軍の対潜哨戒機《しょうかいき》でも探知できません。その原子力潜水艦に潜水艦発射弾道ミサイル（SLBM）を大量に配備すれば、中国は米軍の探査網の外からアメリカ本土を射程に収め、外交上大きなカードを手に入れることになるのです。

中国が目論む「列島線構想」の背後にあるもの

中国の海洋進出は南沙諸島での横暴さが目立ち、南シナ海の問題を中心に語られていますが、その背景には劉華清が唱えた「列島線構想」があります。

たとえば、東シナ海では尖閣諸島に何度も中国漁船が侵犯。日本領である沖ノ鳥島に対しては、「沖ノ鳥島は島ではなく岩礁だ」という主張を繰り返しています。こうした言動

（地図4）中国から見た太平洋進出への障壁

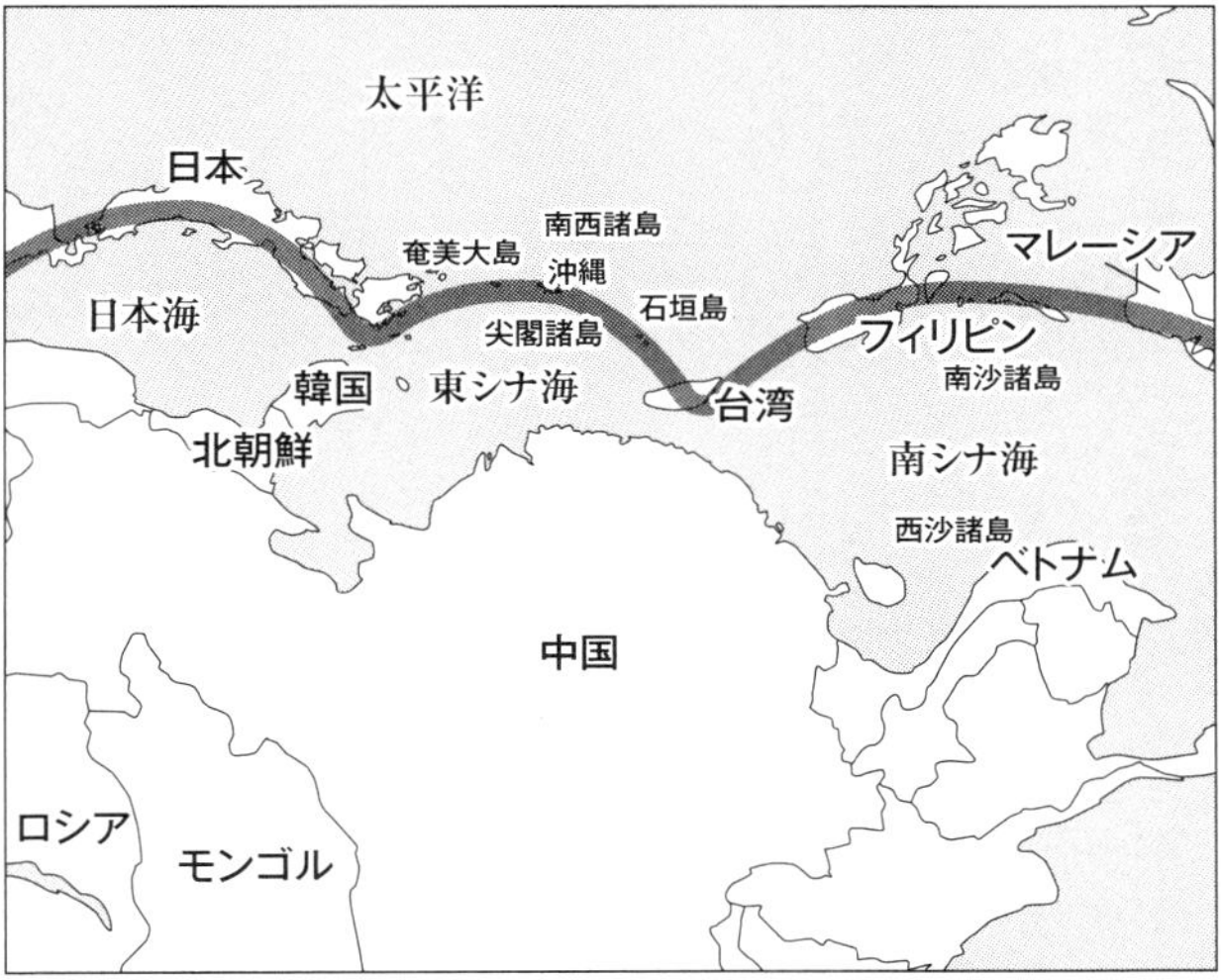

も単なる反日感情からくる嫌がらせではなく、「列島線構想」という壮大な野望を実現するための地固めなのです。

特になぜ、尖閣諸島が狙われるかは、中国側から東シナ海、南シナ海を見た地図（地図4）を見ると直感的に掴むことができます。

東シナ海は日本の九州、沖縄を含む南西諸島、台湾によって、南シナ海はフィリピン、マレーシア、ベトナムによって完全に蓋《ふた》がされています。劉華清が「第1列島線を防衛ラインとして、太平洋に進出する」と述べた「列島線構想」を実現するには、東シナ海、南シナ海の蓋に穴を開ける必要があります。

その端緒が南シナ海の南沙諸島であり、東シナ海では尖閣諸島になるのです。南西諸島

（沖縄）には米軍が駐留し、中国の東海（東シナ海）艦隊の太平洋進出を阻む障壁となっています。しかし、尖閣諸島を押さえることができれば、そこを風穴に台湾の併合という一手を打つことも可能となっていくのです。

加えて、尖閣諸島周辺の東シナ海の海底には、石油や天然ガスが眠っています。国連の調査によると、その埋蔵量はイラクと同じくらいだとされ、ここにも中国と日本による群れ同士のサバイバル・ゲームという争いの本質が見え隠れします。

今のところ、劉華清の「列島線構想」は当初のスケジュールから遅れてはいるものの、ゆっくりと実現に向かって動いています。中国にとって北方を気にせずに海へ向かうことのできる状況は史上初。中国の国防費は１９８９年以来、毎年ほぼ二桁の伸びを続け、海洋資源やシーレーンの確保、軍事的野心のすべてがつながったビッグプロジェクトとなっているのです。

拡大する中国の最大の敵は〝内〟にあり？

現況ではハワイの真珠湾にアメリカ太平洋艦隊の司令部があり、グアム、サイパン、沖縄にもアメリカの海軍が駐屯しています。これらのアメリカ軍に出て行ってもらわなければ、中国の考える「列島線構想」の「第2列島線」を実現することはできません。

そんな中、アメリカではトランプ大統領が誕生。大統領選での発言通り、アジアでの米軍の活動が縮小されるなら、中国は間違いなく好機と見て東シナ海へ出てくるでしょう。

ただし、中国国内が盤石なわけではありません。習近平は陸軍を縮小した後、兵士を武警という治安部隊に回しています。日本のメディアではほとんど報じられませんが、地方政府の腐敗に不満を持つ国民が、日常的に各地で暴動を起こしているからです。

中国共産党による現在の体制は、たとえるなら王朝初期の安定期を過ぎたところと言えます。冒頭に挙げた秦、漢、隋、唐、宋、明、清のいずれの王朝もカリスマ的な権力者が没したあと、一族による権力の私物化、官僚制度の硬直化と腐敗が広がり、北方民族の侵略が重なり、財政難から重税を課したことで農民反乱が激化し、革命が起きる……。これが中国で繰り返されてきた歴史です。

今の中国を外から脅かす国はありませんが、貧富の差、官僚の不正、政治家の汚職などによって国民の不満が膨らみ、内政が安定しているとはいえません。

土地制度の面から見ると現在の中国は、唐の末期の状況に似ているともいえます。

唐は均田制（土地国有制）を採用し、社会主義的な計画経済を敷いていました。しかし、現実を無視した無理な計画から均田制は失敗し、土地の私用を認めることに。その結果、大土地所有制が広まる一方で、土地を失った大量の農民が生まれました。貧富の格差は広がり、唐の政府は財政破綻。重税をかけたことで農民の不満が爆発し、各地で暴動が起こります。

治安を守るために軍が力を持つようになり、やがて軍人たちが各地に割拠《かっきょ》して、藩鎮《はんちん》と呼ばれる軍閥政権を立て、唐滅亡後、中国には「五代十国」と呼ばれる軍閥割拠の時代がやってきました。

１４００年前の話ですが、計画経済の失敗、規制緩和、貧富の格差の拡大、軍人の台頭、国民の不満増大……など、いくつものキーワードが重なります。歴史上、独裁の下で経済発展した国は、必ず腐敗します。今や中国共産党政府にとって最大の敵は、中国人民となりつつあります。中国はまた同じ歴史を繰り返そうとしているのです。

「これから」を読む視点1 鄧小平《とうしょうへい》の現役時代、密かに海軍を増強

鄧小平はアメリカ、日本などから投資を呼び込み、沿岸地域を開発。友好的な外交関係を築きな

がら、水面下で着実に海軍の整備を進めていきます。また、旧ソ連から独立した中央アジア諸国を経済援助によって手なずけ、北の国境線を脅かす存在を減らしていきました。

「これから」を読む視点2　現政権の習近平も海軍重視派で増強中

中国の国防費は１９８９年以来、毎年ほぼ二桁の伸びを20年以上続け、江沢民、胡錦濤《こきんとう》、習近平と指導者が代替わりする中でも、海軍を中心に急速なハイテク化を進めました。

「これから」を読む視点3　国民の不満が爆発すると中国の海洋進出も危うくなる

中国の海洋進出の妨げとなる要素は、北の脅威ロシアの復活と、その急激な軍備増強にあります。シベリアには中国から大量の不法移民が流れ込んでおり、この問題がロシアとの対立を引き起こす可能性があります。軍拡のための増税が続けば、中国人の不満は増していきます。歴史はまたも繰り返すのかもしれません。

2
金正男暗殺にミサイル発射…北朝鮮の横暴はいつまで続くのか？

朝鮮半島情勢がきな臭くなってきました。2017年2月にマレーシアの空港で北朝鮮の指導者である金正恩《キムジョンウン》の異母兄、金正男《キムジョンナム》が殺害され、北朝鮮は日米韓中の周辺国を威嚇するかのようにミサイルの発射を続けています。そんななか隣の韓国では朴槿恵《パククネ》大統領が失職し、親北朝鮮路線の文在寅《ムンジェイン》政権が発足。北朝鮮政策への影響も懸念されています。

一連の騒動は日本をはじめとする東アジアにどのような影響を与えるのでしょうか。本項では朝鮮半島、特に朝鮮民主主義人民共和国について考えていきます。

半島国家の宿命

地理的要因から、朝鮮半島はずっとランドパワー（大陸国家）の脅威にさらされてきました。同じ半島国家でも、たとえばイタリアは中世を除けば、大国に攻め込まれた歴史がありません。それはアルプス山脈が国境線となり、自然の要害となってくれたからです。
ところが、朝鮮半島の付け根には自然の要害がありません。白頭山と鴨緑江《おうりょくこう》があるものの、攻め込む敵を遮るには川の流れも穏やかで浅瀬も多いため、朝鮮半島は歴史的に何度もランドパワーの侵略を受けてきたのです。

歴史の教科書には新羅、高麗、朝鮮と移り変わった各王朝の名前が記されていますが、朝鮮半島で王朝が変わる直前には、必ず中国でも王朝交代が起きています。

朝鮮半島の王朝は大陸の勢力図の変化に敏感で、大国が栄えているときは頭を下げて従い、新興勢力が台頭してきたときには、どちらにつくと有利かを天秤にかけながら、面従腹背で存続を図っていきました。常に大国に服従して安全を確保する、これを「事大《じだい》主義」といいます。

たとえば、唐の時代は新羅が栄え、唐が衰えて宋の時代が始まると朝鮮半島でも王朝が変わり、高麗となります。しかし、その宋がモンゴルの騎馬民族である元にのみ込まれたときは、その勢いのままに朝鮮半島も元に支配されてしまいます。

モンゴルの侵攻は民族最大の危機で、高麗は30年ほどの間に6回も国土を蹂躙《じゅうりん》され、国王は降伏。人質にとられた王子は、フビライ・ハンの娘と政略結婚させられ、元の属国と化します。この王子が即位して忠烈王《ちゅうれつおう》となり、フビライに取り入るために日本への侵略を進言した結果、起こったのが「元寇」でした。

このように、いったん強国の支配下に入ると服従し、同化しながら生き延びるのが事大主義（大きなものに事《つか》える）です。また、支配を受け入れる前には必ず強烈な派閥抗争が生じるのも、半島国家の宿命と言えます。たとえば、モンゴルに降伏するまでの間、高麗の宮廷では親モンゴル派と反モンゴル派が分裂。中国が漢民族の明朝から満州人が建国した清朝に変わるときにも、親清派と親明派が争いました。

北朝鮮に崩壊されては困る各国の事情

現在の北朝鮮と韓国の歴史も、基本的には同じ流れの中にあります。ただし、「事大する」支配勢力には大きな変化がありました。ランドパワーの大国であった清の力が落ち、シーパワーの新興勢力・日本が台頭したからです。

当時、朝鮮半島は李氏朝鮮の末期で、宮廷は親清派と親日派に分かれて暗闘を繰り広げます。日清戦争で日本が清に勝利すると、朝鮮国王は「日本が新たな後ろ盾になる」と考え、清への朝貢をやめ、大韓帝国として独立しました。

その後、もう一つのランドパワーの大国ロシアが朝鮮の権益に手を伸ばしますが、日露戦争で日本が圧勝すると、親日派が政権を掌握。彼らは日本との合邦運動を展開し、

（表1）中国と朝鮮半島の王朝交代史

日本	朝鮮	中国	
弥生時代	夫余・楽浪・帯方郡・馬韓・辰韓 ←	秦／前漢	紀元前
弥生時代	高句麗・楽浪・帯方郡・馬韓・辰韓	新	1世紀
弥生時代	高句麗・楽浪・帯方郡・馬韓・辰韓	後漢	2世紀
弥生時代／古墳	高句麗・楽浪・帯方郡・馬韓・辰韓	三国時代（魏呉蜀）／西晋	3世紀
古墳	高句麗・楽浪・帯方郡・馬韓・辰韓	五胡十六国／東晋	4世紀
古墳	高句麗・百済・新羅	南北朝	5世紀
飛鳥	高句麗・百済・新羅	隋	6世紀
飛鳥	高句麗・百済・新羅	唐	7世紀
奈良	×（高句麗）×（百済）← 新羅	唐	8世紀
平安時代	新羅	唐	9世紀
平安時代	新羅	五代十国	10世紀
平安時代	高麗 ←	契丹／北宋	11世紀
平安時代	高麗 ←	金／南宋	12世紀
鎌倉	高麗 ←	元 →×	13世紀
室町時代	元の支配下	元／明	14世紀
室町時代	朝鮮（李朝）	明	15世紀
安土 →	朝鮮（李朝）←	明	16世紀
江戸時代	朝鮮（李朝）←	清	17世紀
江戸時代	朝鮮（李朝）	清	18世紀
明治 →	（大韓）←	清	19世紀
大正／昭和	日本領／北朝鮮・大韓民国 ←	中華民国／中華人民共和国	20世紀
平成	北朝鮮・大韓民国 1948年～	中華人民共和国 1949年～	21世紀

1910年の韓国併合に至るのです。

しかし、朝鮮半島を併合していた日本が第二次大戦で敗れると、北朝鮮はソ連・中国というランドパワーの、韓国はアメリカというシーパワーの力を借りて独立します。

日本統治時代、金日成ら北朝鮮を建国したグループは満州経由でソ連に亡命し、沿海州でソ連極東軍に編入されていました。一方、韓国を建国する李承晩ら在米韓国人はアメリカで大韓民国臨時政府を樹立し、独立の機会をうかがっていたのです。

日本の敗戦により親日派は国賊として一掃され、アメリカ軍とソ連軍が朝鮮半島に進駐。北緯38度線を境界線とします。北では金日成らの親ソ派が朝鮮民主主義人民共和国を、南では李承晩らの親米派が大韓民国を建国し、派閥抗争の末、朝鮮戦争を引き起こします。

これにアメリカと中国が軍事介入して膠着《こうちゃく》状態となり、南北の分断が固定化されたのでした。

その後、北朝鮮は初代の金日成、金正日、金正恩と続く金一族を個人崇拝させる、事実上の専制君主制の国家となり、21世紀の今日まで生き延びてきました。

〝北朝鮮こそ真正の社会主義国だ〟と主張する主体思想を柱に、アメリカと妥協するソ連(後のロシア)、中国を批判。国際社会と距離を置き、1993年に核拡散防止条約（NPT）

（地図5）北朝鮮に崩壊されては困る地政学的事情

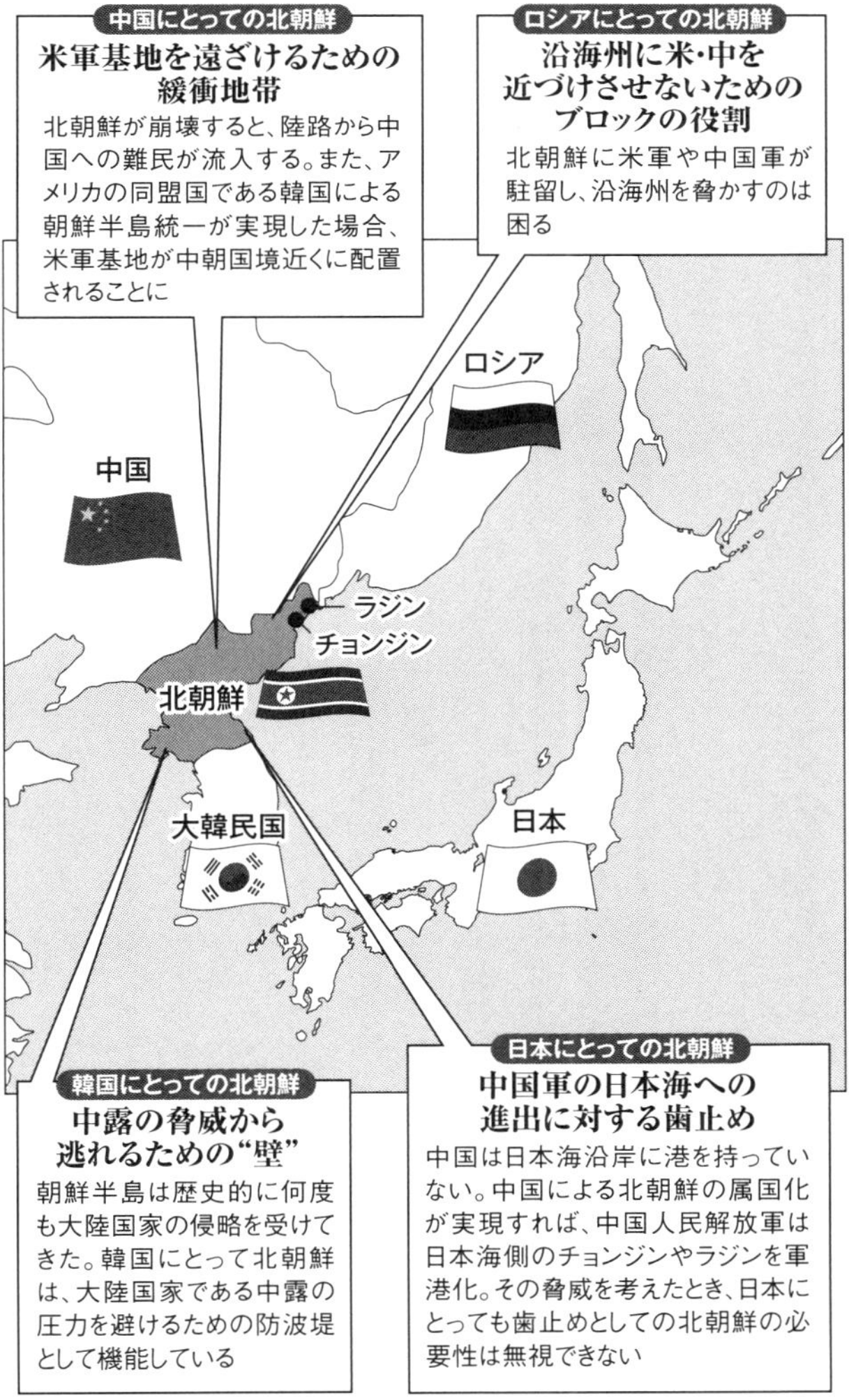

中国にとっての北朝鮮
米軍基地を遠ざけるための緩衝地帯
北朝鮮が崩壊すると、陸路から中国への難民が流入する。また、アメリカの同盟国である韓国による朝鮮半島統一が実現した場合、米軍基地が中朝国境近くに配置されることに
ロシアにとっての北朝鮮
沿海州に米・中を近づけさせないためのブロックの役割
北朝鮮に米軍や中国軍が駐留し、沿海州を脅かすのは困る
ロシア
中国
ラジン
チョンジン
北朝鮮
大韓民国
日本
韓国にとっての北朝鮮
中露の脅威から逃れるための“壁”
朝鮮半島は歴史的に何度も大陸国家の侵略を受けてきた。韓国にとって北朝鮮は、大陸国家である中露の圧力を避けるための防波堤として機能している
日本にとっての北朝鮮
中国軍の日本海への進出に対する歯止め
中国は日本海沿岸に港を持っていない。中国による北朝鮮の属国化が実現すれば、中国人民解放軍は日本海側のチョンジンやラジンを軍港化。その脅威を考えたとき、日本にとっても歯止めとしての北朝鮮の必要性は無視できない

から脱退し、身を守るために核開発を進めます。

当時、クリントン政権は北朝鮮核施設への空爆も検討しましたが、結局はとばっちりを恐れる韓国の要請で中止し、経済支援によって北朝鮮を懐柔する道を選びました。しかし、この懐柔政策は何の効果も上げず、北朝鮮は核実験に成功。グアム島にまで届くミサイルの開発を進めていきます。このように金日成、金正日は巧みな外交手腕で、ソ連、中国、日本、韓国、アメリカ各国から経済援助や食糧支援を引き出して国家を運営してきました。

こうしたあり方が可能だったのは、北朝鮮が日本、韓国、中国それぞれにとって、いわば地政学的な〝必要悪〟だったからです（地図5）。

とはいえ、破綻した経済は一向に回復せず、金正日政権終盤には経済改革を求める官僚グループが力を持ち始めます。彼らは隣国である中国の経済発展を目の当たりにし、金王朝は維持したまま、中国版の市場経済を導入しようと考えたのです。その中心人物が、金正日の妹の婿の張成沢《チャンソンテク》と、金正日の長男金正男《キムジョンナム》でした。そして、親中派の彼を後押ししていたのが、中国共産党政権だったのです。

最大の支援国・中国を信用しきれない理由

中国としては、北朝鮮を平和裏に親中政権へと移行させ、市場経済を導入。中国企業にとっておいしい市場とし、さらに日本海沿岸の港を手に入れようという思惑がありました。そのために父・金正日と不仲だった金正男の亡命を受け入れ、正日亡き後の傀儡《かいらい》政権として擁立することを狙い、重要なカードとしてキープしてきたのです。

ところが、父・金正日から「中国は歴史的に我が国を最も苦しめた国」「現在は我々と近いが（経済破綻のため中国資本を受け入れた）、将来は最も警戒すべき国」という遺訓を受けた金正恩は中国を強く警戒し、功労者である親中派の叔父・張成沢の一族を粛清。金正男もマレーシアの空港で毒ガスにより謀殺されました。

この結果、隣国として脅威を感じる存在でありながら、唯一と言っていい支援国であった中国との関係が一気に悪化したわけです。

これまで中国が北朝鮮を支援してきたのは、中国にとって地政学的に北朝鮮の安定が重要だったからでした。もし、北朝鮮が崩壊し、韓国が朝鮮半島を統一した場合、難民が中国に流出し、旧満州にある延辺《えんぺん》朝鮮族自治州の独立運動を刺激します。そしてなにより、韓国はアメリカと同盟関係にあるので中朝の国境近くに米軍基地ができてしまうことを恐れているのです。

正男の暗殺事件以降、金正恩はさらに反中の姿勢を明確にしています。日本海に向けて発射されたミサイルは、そのまま北京を狙うことができるという意思表明でもあります。加えて、アメリカに対してもグアム島への攻撃計画を発表するなど、強硬姿勢を崩しません。

これは独裁者としての金正恩がその立場を維持するには、大国の圧力に屈するのではなく、自らの強い姿勢によってアメリカを話し合いのテーブルに引き出したというストーリーが必要だからです。対等な立場で朝鮮戦争の講和条約を結び、国交を正常化し、平壌にアメリカ大使館を開かせたいという思いがあります。

そういった意味では、北朝鮮は今後も周辺国にとってやっかいで横暴な振る舞いを続けていきます。それが核開発以降、中国と手を切った金正恩にとってサバイバルのための唯一の選択肢だからです。

北朝鮮の暴走の先に待ち受けるもの

アメリカにとって北朝鮮は、軍事行動を起こすには見返りのない相手です。ただし、38度線を緩衝材に中国、ロシアの進出を阻む壁として一定の価値があります。トランプ政権は中国、ロシアに働きかけ、金正恩政権の内部崩壊を目指していくはずです。

そうした動きに対して、中国の習近平はどう動くのでしょうか。

1つのシナリオとして、トランプ大統領のアメリカと連携し、金正恩を軍事介入もしくはクーデターの形で強制的に排除した後、殺された金正男の長男、金漢率《キムハンソル》を擁立するかもしれません。

もし、中国が北朝鮮に親中派の政権を作ることができれば、日本海に出る港を手に入れることになります。実際、金正日時代、中国は経済支援の見返りに羅津《ラジン》の港の桟橋を中国企業が借りるという契約を結ぼうとしていました。

日本にとっては中国の日本海進出を加速させるシナリオは避けたいところです。

一方、朴槿恵大統領が弾劾され、失職した韓国では、文在寅《ムンジェイン》政権が発足しました。文在寅は、北朝鮮に対して「太陽政策」を唱え、多額の経済支援を実行した金大中《キムデジュン》・盧武鉉《ノテウ》大統領と同じく全羅道《ぜんらどう》の出身です。今後のスタンスは、反米・親北朝鮮の路線を明確にする可能性が高いと言えるでしょう。

近年の韓国は半島国家の歴史をなぞるように、シーパワーの大国・アメリカとランドパワーの大国・中国との間で揺れ動き、金大中政権以降は親中国派の力が強くなっています。半島国家の北側である北朝鮮は国境を接する中国を警戒し、南側の韓国は逆に中国に接近。そんな中で金正恩政権は暴走を続けています。

これが独裁体制の強化によるものなのか、弱体化の表れなのか。ミサイル攻撃の危機、金王朝崩壊による難民の流入の脅威にさらされる日本にとって、朝鮮半島情勢から目の離せない状況が続きそうです。

「これから」を読む視点4 金正男暗殺で、親中派が北朝鮮からいなくなった

金正恩による粛清によって、朝鮮労働党内に育ててきた親中派が失脚。中国が目指していた穏便な形での親中派政権樹立の狙いは崩れ、アメリカの北朝鮮空爆を許容し、中国人民解放軍が進駐するという形で金正恩の排除作戦を実行に移す可能性も!?

「これから」を読む視点５　韓国では、〝親北朝鮮派〟が政権を握る

弾劾裁判を経て、失職した朴槿恵《パククネ》大統領。親米派と親北朝鮮派が交互に権力を握るお国柄から、新大統領は反米・親北朝鮮路線の文在寅《ムンジェイン》に。同盟国アメリカに安全保障を依存しつつ、ランドパワーの大国である中国に接近するというコウモリ外交を続けながら、金正恩政権と対話することは可能なのか……。

「これから」を読む視点６　北朝鮮が孤立化すると拉致問題が解決しない？

日本にとってベターな展開は「第２次朝鮮戦争」の前に金正恩が失脚し、北朝鮮がより穏やかな政権へと移行。軍事的な脅威も高まらず、難民の流出も起きず、日本人拉致問題も解決に向かうというシナリオでしょう。北朝鮮の混乱を避けるには、建国神話で神格化された金一族の血統が重要。アメリカに亡命していると思われる金漢率《キムハンソル》（正男の長男）が、ポスト金正恩の有力候補になるでしょう。

第2章

保護主義《アメリカファースト》と反グローバリズムの「いつか来た道」〈アメリカ編〉

ポスト・アメリカ一極支配の世界は歴史が教えてくれる？
（大統領候補時代のトランプタワーでの記者会見）

a katz/Shutterstock.com

基本ポイント１　ドナルド・トランプは、不動産王で実業家という異色の経歴

全米にホテルやカジノ、ゴルフ場などを持つ不動産王として知られ、１９９４年にはアジアや欧州の投資家と共同でニューヨークのエンパイア・ステートビルを買収。保有する不動産は時価数千億円といわれ、大統領選の選挙資金を自前でまかないました。ライバルのヒラリー・クリントンを大口献金者（ウォール街）の操り人形と批判しました。

基本ポイント２　「草の根保守」と呼ばれる低所得の白人層が支持母体

トランプ大統領の支持母体は「草の根保守」と呼ばれる中西部の農民、プアホワイト、レッドネック（首が日焼けした）と呼ばれる白人労働者層。政治経験のない人物が主要政党の候補となったのは、第二次世界大戦の連合国最高司令官だったアイゼンハワー氏が当選した１９５２年以来のことでした。

基本ポイント３　背景の異なる５つの集団が、大統領の政策に影響を与える

大国アメリカは一枚岩ではありません。大きく分けて５つの異なる集団が選挙や政策に大きな影響を与えています。ウォール街を中心とするエスタブリッシュメントの集まりである「金融資本」、

軍と軍事産業を中心とする「軍産複合体」、開拓者精神を引き継ぐ「草の根保守」、ヒスパニックを中心に拡大する「移民労働者」、キリスト教の一大勢力「宗教右派」。彼らはそれぞれ、金《かね》、数、思想によって、アメリカの政治家に強い影響力を行使します。

基本ポイント4　オバマ政権下でも縮まらなかった貧富の格差に、不満が鬱積

「メキシコ国境に壁を建設する」ことを公約に掲げて当選したトランプ大統領。支持層の中核をなす労働者の権利を保護するため、不法移民制限を実行していきます。

基本ポイント5　アメリカの製造業再建のため中国や日本からの輸入を規制

保護貿易主義者であるトランプ大統領は、関税ゼロを目指すTPP交渉から脱退するなど、反グローバリズムの立場を主張しています。中国を意識した大軍拡の可能性も。

基本ポイント6　プアホワイトのために公共事業に注力

大統領選に勝利した直後の演説で「インフラ整備による雇用創出で経済を回復させる」と宣言しています。トランプ版のニューディール政策はいかに？

3 トランプ大統領誕生の真相と、移民と格差がもたらす新展開

ドナルド・トランプ大統領は、アメリカの歴史を振り返っても特異な存在だと言えます。キャリアや支持層が近かったといわれているレーガン元大統領は、映画俳優のあと、カリフォルニア州知事を経験しています。対してトランプ氏は政治家経験も、公職経験もゼロのまま大統領となった史上初めての人物です。

個人的には、大統領選挙中から「何をするか予想がつかない分、楽しみ……」という感想を持ってきました。

たとえば、選挙戦中からツイッターを使ってきたトランプ氏は、大統領当選後も北朝鮮の核ミサイル問題、中国への対応など、重要政策をツイッター上でつぶやき続けています。超大国の最高指導者が、気軽に政策をつぶやくという前代未聞の事態に、閣僚や官僚たちは戦々恐々としているのではないでしょうか。

アメリカは二大政党制です。2期8年続いたオバマ政権を支えた民主党は2016年の大統領選でヒラリー・クリントンを大統領候補として選び、野党だった共和党は紆余曲折の末、トランプを選びました。

選挙中には「不法移民を追放する。メキシコ国境に長城（グレート・ウォール）を作る」「同盟国には在留米軍の負担増を求める」とも主張。共和党の大統領候補を選ぶ予備選の時点では、大手メディアから「暴言王」と呼ばれ、泡沫候補扱いされていたにもかかわらず、トランプ旋風は収まりませんでした。

大手メディアは広告主であるウォール街（国際金融資本）の意向を受け、選挙中、トランプ叩きを続けていました。それでもトランプはネット放送で演説を流し、支持を広げていったのです。ヒラリー・クリントンとの大統領選のポイントは、民主党対共和党の構図ではありません。争点は、金融資本の影響の薄い大統領が誕生するかどうかだったのです。

なぜ、トランプがあれほどの支持を集めたのでしょうか。その理由は世界史を知ることで見えてきます。

アメリカで一番偉いのは大統領ではない？

まずは、「アメリカ合衆国で一番偉い人は誰か？」という話から始めましょう。

合衆国のトップは大統領ですから、一番偉いのは大統領……。たしかに、建前上はその通りです。しかし、実情は異なります。（図1）にまとめたように、近年では巨額の選挙資金を提供し、政治活動への資金援助を惜しまないウォール街の銀行や証券会社といった金融資本が、大統領と政府、議会の意思決定に強い影響を与えてきました。

どうして選挙で選ばれたわけでもない彼らが、アメリカを仕切るようになっていったのでしょうか。話は100年ほど前に遡ります。

南北戦争後のアメリカは、イギリスを抜いて世界最大の工業国となっていく過程で、JPモルガン、ロックフェラーなどの新興財閥が巨大な力を持ちました。特にモルガン銀行はアメリカ政府が資金難に陥るたびに国債を引き受け、貸し手としての発言権を増していきます。

そして、1907年の恐慌の後、モルガン、ロックフェラーらは、中央銀行の設立と出

（図1）アメリカ合衆国で一番偉い人は誰か？

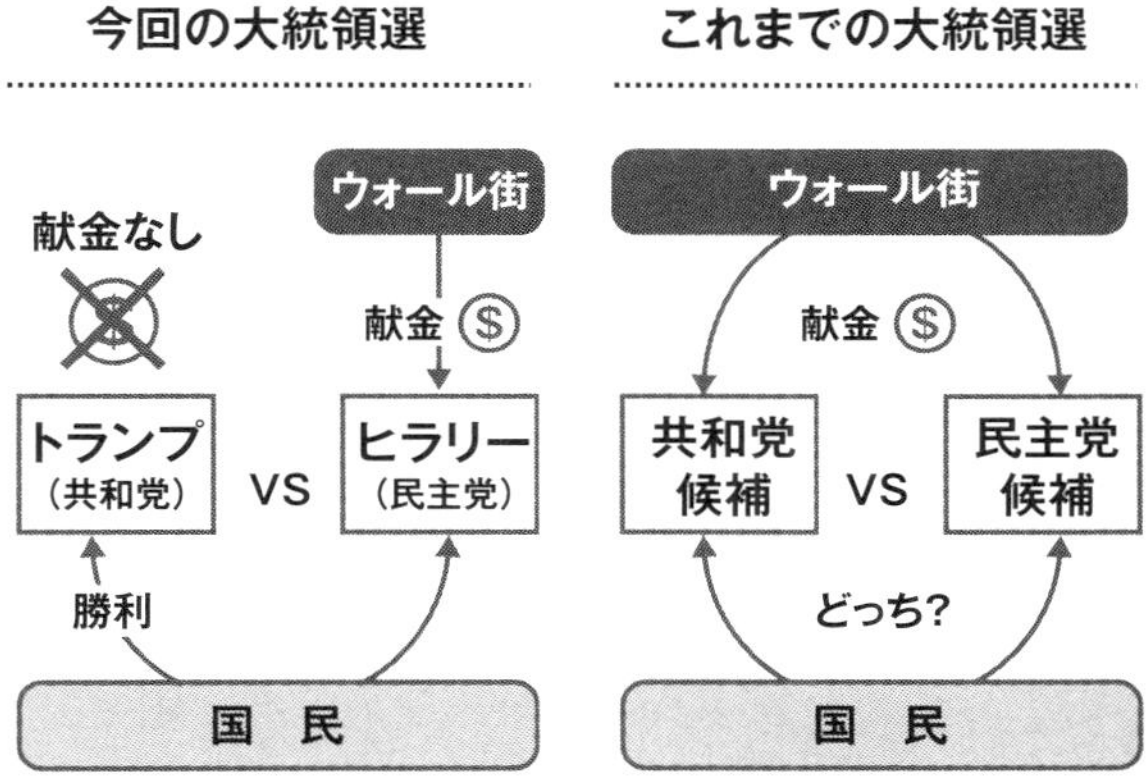

ウィルソン大統領がFRBの設立を許可して以来、ウォール街（金融資本）は「献金」と「ドルの発行権」という強力なカードで、大統領や政府の意思決定に強い影響力を発揮してきた。いわば、米国民は共和党、民主党の2大政党による大統領選というプロレスに付き合わされてきたようなものだった

資について合意。通貨ドルの発行権を握ろうという大胆な動きでしたが、当時のウィルソン大統領（民主党）がこれを許可し、１９１３年にＦＲＢ（連邦準備制度理事会）が発足します。

通常、国の中央銀行は国営、もしくは半官半民です。ところが、ＦＲＢは１００％民間。つまり、ウォール街の民間金融資本が国の財布を握っているのです。

アメリカの大統領選挙を戦うには膨大な資金が必要になります。歴史的に共和党は富裕層、民主党は貧しい労働者や移民を支持基盤とする政党とされてきましたが、実はどちらの大統領候補もウォール街から多額の献金を受けてきました。
その結果、どちらの党の大統領が選ばれたとしても、結局はウォール街＝ＦＲＢを支配する国際金融資本に頭が上がらない、という構図になっていたわけです。

トランプが草の根保守から支持された本当の理由

たとえば、民主党のオバマ大統領は日本のような国民皆保険制度、通称「オバマケア」を導入するというスローガンを掲げ、当選しました。しかし、民間保険会社（金融資本）の猛烈な反対を受け、できあがったオバマケアは国民が民間保険会社に加入する保険制度になってしまいました。

　この例からもわかる通り、アメリカ人は長らく共和党と民主党の出来レースを見せられてきたようなもの。大手のマスコミ、新聞、

メイン
マサチューセッツ
ロードアイランド
コネチカット
ニュージャージー
デラウェア
メリーランド
ワシントンD.C.
バージニア
ウェストバージニア
ノースカロライナ
サウスカロライナ
トランプ
クリントン

（地図6）2016年の大統領選でトランプを支持した州

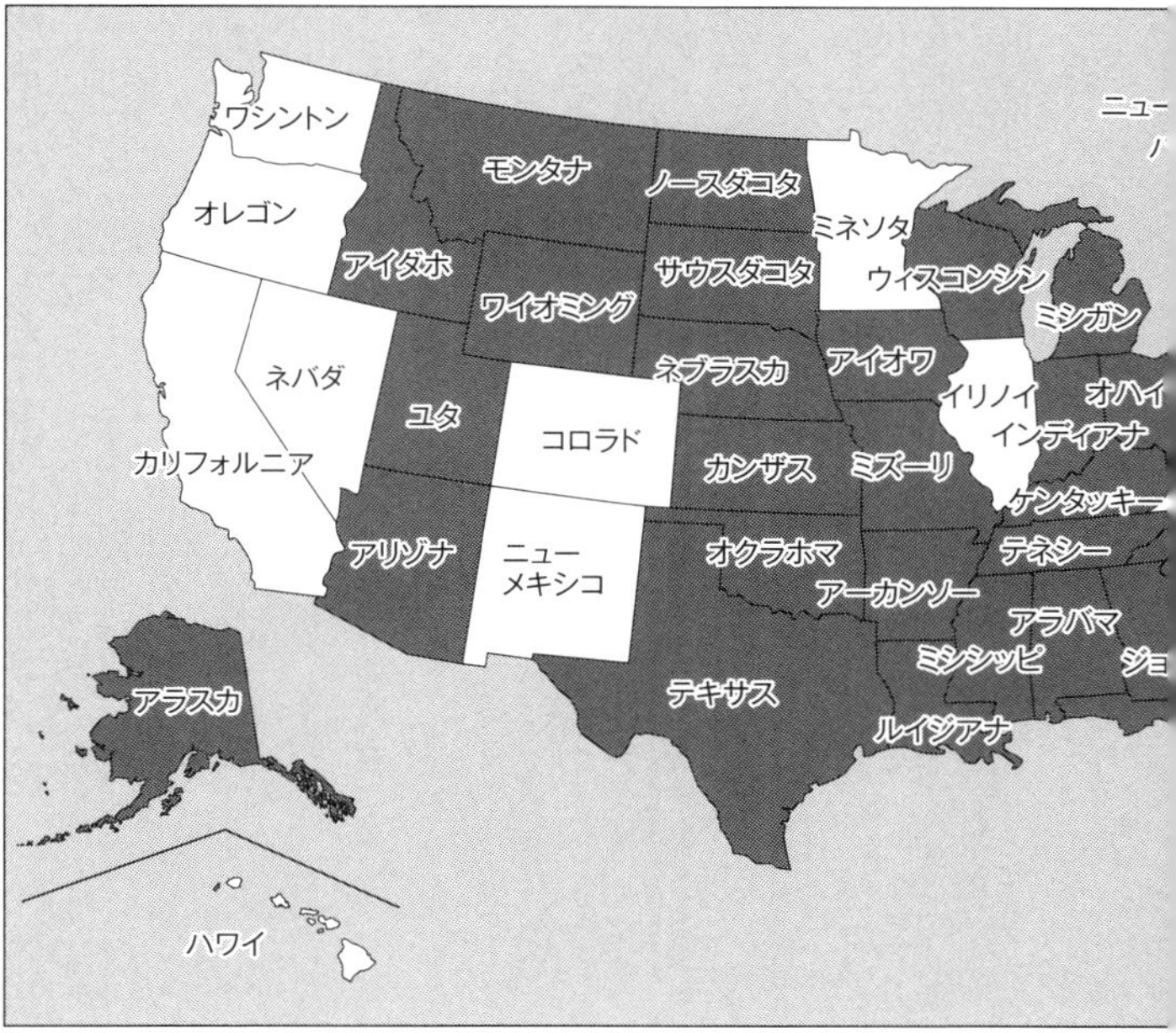

ラジオ、テレビのスポンサーに財界が付き、情報をコントロールし、演出してきたのです。しかし、ネットでの情報拡散によってそのカラクリが透けて見えるようになった、ということです。

　しかも、リーマンショック以降、アメリカでは史上類を見ないほど、貧富の格差が拡大。国際NGOオックスファムの報告によれば、世界の上位1％の富裕層（その3分の1はアメリカ人）が、世界の富の半分を保有する状態になっています。

　そんな状況下で共和党の大統領

候補を選ぶ予備選に出馬したトランプは、

「オレは不動産王でカネはある。選挙資金はオレが出す。ウォール街からの献金は受けない。アメリカを裏から仕切ってきた奴らの言いなりにはならない」

という立ち位置を明確に打ち出したわけです。

あわせて彼は、「激増する中米からの不法移民に決定的な歯止めが必要だ」と、オバマ政権が進めてきた移民の受け入れにも強く反対を表明しました。英語で「グレート・ウォール」は中国の万里の長城のことですが、トランプは選挙中「メキシコとの国境にグレート・ウォールを作る。その費用はメキシコに負担させろ」と発言し、物議を醸しました。

格差への反抗と移民への強気の姿勢。この2つのわかりやすいスローガンが、アメリカ中部や南部に暮らす貧しい白人層、レッドネックと呼ばれる労働者階級と草の根保守の心をつかみました。

というのも、彼らは金融資本とその周辺にいる「エスタブリッシュメント」と呼ばれるエリート層に強烈な不信感を持ちつつ、ヒスパニック系の移民が職を奪い、本来のアメリカ人のための社会保障制度を食い荒らしている、と考えているからです。

さらに草の根保守は、エスタブリッシュメントに対してこんなイメージを持っています。

彼らはアメリカ合衆国建国の13州が集まった東部の名門大学を卒業し、政財界の中枢を独占。中部や南部に住む一般庶民の生活をないがしろにし、富を奪い、アメリカ国民を代表しているような顔をしている、と。

その結果、これまで共和党を支えてきた富裕層へのバッシングが起こり、共和党内で草の根保守が力を持つようになります。

トランプは大富豪の不動産王であり、既得権益者ですが、わざと野卑な言動を取ることで一般庶民の不満の受け皿となっていきました。

やがて白人がマイノリティになる？

そして、もう1つのポイントが移民問題です。

ヨーロッパでは、シリア難民にまぎれてアフガン人、チュニジア人、西アフリカの人々などが流入し、治安の悪化を警戒する声が高まり、移民の受け入れは大きな政治的問題になっていますが、同じことはアメリカでも起きています。

アメリカでマイノリティといえば、かつてはアフリカ系（黒人）やアジア系を指していましたが、２０００年代以降その主流は中南米系移民のヒスパニックに代わりました。彼らがアメリカに殺到するのは、出生地主義を採用するアメリカでは、不法移民の子もアメリカで生まれれば自動的にアメリカ国籍を取得することができるからです。

合法、違法にかかわらず出稼ぎ労働者としてアメリカにやってきたヒスパニック系移民の2世、3世が国民となり、親族を呼び寄せているため、その人口は急増。このままいけば２０５０年にはアメリカ国内のヒスパニック人口は3割近くに達するといわれています。

少子化が進む白人の人口が急増することはなく、ヒスパニックに黒人やアジア系を合わせると非白人が国民の過半数を超える時代がやってきます。しかし自由の国であるアメリカは、定住した移民を排除することができません。

選挙では数の力が物を言います。ヒスパニック系の大統領が誕生する日も遠くはないでしょう。しかし、そうなったアメリカを「本来のアメリカ」ではないと考えるアメリカ人も少なくありません。

こうしたジレンマから白人の間で移民を制限しようという世論が生まれ、それに乗っているのが共和党であり、移民反対で支持を広げたのがトランプ大統領なのです。

とはいえ、歴史を振り返ればアメリカは元々、移民の国です。移民の国が、新たな移民を遠ざけようとしている――その背景も、世界史を振り返ることで見えてきます。

アメリカを世界の大国に育てあげた力の源泉とは

エスタブリッシュメントと呼ばれている白人エリート層の先祖も、やむを得ない理由で母国を捨てて新大陸アメリカの土地に活路を見出した移民でした。

1620年、アメリカ人の祖先として最初に渡ってきたのが、「ピルグリム・ファーザーズ（巡礼の父祖）」と呼ばれるようになる一団です。彼らは本国イギリスでピューリタンと呼ばれ、異端として迫害されてきた人たちでした。

ピューリタンとは、清浄化《ピュリファイ》する人たちという意味で、堕落するカトリック教会に対して厳格さを求めるプロテスタントの急進派です。

キリスト原理主義的な考え方で、信仰の対象はキリストだけ。聖母マリアや他の聖人への信仰はもとより、人間の神格化も認めません。ローマ教皇の存在を否定し、イギリス国王の教会支配にも徹底的に反抗する清教徒革命を起こしたものの挫折。イギリスに居場所がなくなり、アメリカに移住してきました。いわば政治難民ともいえる彼らピューリタンが、入植したマサチューセッツ植民地に小学校よりも先に作ったのが、ハーバード大学でした。現在のエスタブリッシュメントの源流です。

その後、アメリカにおけるキリスト教原理主義は、やがてさまざまな宗派に分裂していきますが、「宗教右派」として特に南部における共和党の強固な支持基盤となっています。同性婚や妊娠中絶の問題が選挙時に大きな争点となるのは、キリスト教原理主義の立場からはどちらも絶対に認められない行いだからです。

その原理主義的な姿勢は賛否の分かれるところですが、アメリカをここまでの大国に育て上げたのは、間違いなくピューリタン的な勤勉で真面目な文化でした。

本来のアメリカ人、新しいアメリカ人

そんなピューリタンとは別にイギリスからアメリカへと渡ってきたのが、同じく「土地」を求めて渡ってきた貧しい農民たちでした。本国では小作人として、あるいは産業革命を支える労働者として搾取される立場だった彼らは、経済難民としてアメリカに渡れば農場主になれるという夢を持って海を渡りました。

フロンティア・スピリットで原野を切り開き、中部、南部、西部へと進んでいった彼らは政府の保護をあてにせず、財産や家族の安全は自分自身で守ってきました。こうした自主独立に富んだアメリカ人を、アメリカに根をおろしているという意味で「グラスルーツ（草の根）保守」とも言います。

アメリカの「草の根保守」思想の源流はフロンティア・スピリットにあります。政府による銃規制や増税に断固反対し、社会保障は求めず、小さな政府をよしとする人たちです。これが「武器を保有する権利を侵してはならない」と規定する合衆国憲法修正第２条につながり、銃社会の起源となっていきます。

彼らも共和党の強固な支持基盤ですが、同性婚や妊娠中絶に関しては個人の自由としてキリスト教原理主義とは相容れない立場を取っています。

政治難民としてイギリスから渡ってきたピューリタン、経済的に困窮し、経済難民となった白人貧農移民は、イギリスとのアメリカ独立戦争（１７７５〜83年）に勝利し、アメリカ独立を宣言しました。

その冒頭には、「造物主（神）によってすべての人は平等に造られ、一定の奪いがたい権利を有する」と謳《うた》われています。

ただし、この平等と権利は白人のためのもの。非白人である先住民から土地を奪ったことも、黒人奴隷制についても黙殺されていました。

アメリカを建国したイギリス系の白人、いわゆるWASP《ワスプ》（ホワイト・アングロサクソン・プロテスタント）は、自分たちが本来のアメリカ人だと考えています。彼らは大陸の中央、おもに中西部と南部に根を下ろし、共和党の支持基盤となりました。

その後、WASPのアメリカでの成功を知り、ヨーロッパからやってきたイタリア系、アイルランド系（ともにカトリック）、ユダヤ人は、彼らから見れば異教徒の新参者であり、チャイニーズ、ジャパニーズ、ヒスパニックは英語の不自由な非白人として区別されています。

その選民意識は、ハーバード大学を筆頭とするアイビー各校の歴史にも表れています。アイビー各校はWASPの師弟の高等教育機関として作られ、第二次世界大戦以前はいくら成績のいい学生でもWASP以外は基本的に入学を拒否されました。

宗教の異なるユダヤ人はもちろん、カトリック系であるイタリア系、スペイン系、ポーランドなどの東欧系、アイリッシュ系の子供たちは後発移民として特例でもないかぎり、入学できなかったのです。

そして、これらの新しい移民たちの政治的な受け皿となったのが、民主党でした。大きく分ければ、共和党の支持母体はイギリスからの政治難民であるピューリタンと、経済難民である貧しい農民というイギリス系の白人たち（ＷＡＳＰ）で、民主党の支持母体はその後に移民してきた非英語圏の人たちということになります。

アメリカの東海岸には、ユダヤ系、イタリア系、アイルランド系が根を下ろし、西海岸には中国系や日系の移民たちが定住。彼らは民主党の支持基盤となっています。

現在も民主党が国際協調路線を歩み、福祉政策に力を入れるのは、後からやってきた移民は貧しい人が多く、政府に助けてほしいと考えているからです。

アメリカ社会を揺るがす〝新しい力〟の台頭

南北戦争、公民権運動などを経て、現代のアメリカは法的には人種差別を否定する国となりました。しかし、根底にはキリスト教右派が抱いている、異民族や異教徒への強い差別意識が残っています。その影響が強く表れているのが、移民問題なのです。

一方で、ヒスパニック側の視点で歴史を振り返ると、移民問題はメキシコ人がアメリカに奪われた土地を奪回しているだけ、という見方も成り立ちます。

現在のテキサス州からカリフォルニア州までの広大な領域は、かつてメキシコ領で、スペイン語を話すメキシコ人が住んでいました。ロサンゼルスも、ラスベガスも、コロラドもすべてスペイン語の地名で、「天使たち」「牧草地」「赤く色づいた（川）」という意味があります。

19世紀、メキシコ政府の許可を得てテキサスの荒れ地にアメリカ人たちが入植します。メキシコに移民として入ったアメリカ人の人口が多数になると、彼らは「テキサス共和国」として独立を宣言。独立を阻止しようと動いたメキシコ軍を撃退したテキサス共和国は、アメリカ合衆国に加盟を申請し、１８４５年、28番目の州になりました。

これを不服とするメキシコとの間で起きたアメリカ・メキシコ戦争に圧勝したアメリカは、カリフォルニアやニューメキシコを割譲させ、太平洋岸までの広大な「土地」を手にしたのです。

しかも、そのカリフォルニアでは金鉱という「資源」がみつかり、移民が殺到するゴールドラッシュが起き、１８６９年に大陸横断鉄道が開通。アメリカ東部と西部を結ぶ「通路」が開かれました。

ヨーロッパの移民問題が、かつての中東やアフリカの植民地政策の後遺症として起きているように、メキシコをアメリカ化したことの反動が今、別の形で現れてきているのかもしれません。

そして、トランプを支持した「草の根保守」が数の力を見せつけたように、将来はヒスパニック系の人たちが数の力を発揮し、自分たちを代表する大統領を誕生させる可能性もあるのです。

どんな経済状況の人でも一票の価値は変わりません。それが民主主義です。

「これから」を読む視点1　金融資本が大統領に強い影響力を行使してきた

ウォール街の金融資本がＦＲＢを動かし、国の財布を握っているアメリカ。歴史的に共和党は富裕層、民主党は貧しい労働者や移民を支持基盤とする政党とされてきましたが、実はどちらの大統領候補もウォール街から多額の献金を受けてきました。

「これから」を読む視点2　ピューリタンの考えは「宗教右派」に引き継がれている

アメリカを建国したイギリス系の白人、いわゆるＷＡＳＰは、自分たちこそが本来のアメリカ人と考えています。なかでもプロテスタントの急進派であるピューリタンの原理主義的考えは、南部に多い「宗教右派」として今でも共和党の強固な支持基盤となっています。

「これから」を読む視点3 「草の根保守」の精神は開拓時代と変わらない

トランプを支持した「草の根保守」の源流はイギリスから渡ってきた貧しい農民たち。彼らは開拓者としてアメリカ中西部を開拓。銃の所持を認め、自分の身は自分で守るという立場ですが、国外問題への介入には消極的。彼らの声が大きくなれば、アメリカは世界の警察官的な活動をさらに縮小していきます。

4 今後のトランプ政権の動き方は、ここを見ればわかる！

世界の警察官という「看板」を掲げ、圧倒的な軍事力で空と海の「通路」を押さえ、中東をはじめとする各地の「資源」を確保。新自由主義、グローバリズムを世界に求め、自国にとって有利な市場を広げていったのが、これまでのアメリカという群れのサバイバル・ゲームのルールでした。

しかし、国内にシェールオイルという「資源」が見つかったことで、オバマ政権が世界の警察官という「看板」を下ろし、サバイバル・ゲームのルールは変わり始めました。トランプ政権の誕生は、その変化の象徴と言えるでしょう。

トランプ大統領は選挙中から徹底して「アメリカファースト（アメリカ第一主義）」を訴えてきました。国内の社会、経済の立て直しを再優先し、国際問題への関与は最低限にすべきだという考え方です。

（地図7）ニューヨークから見た世界（正距方位図）

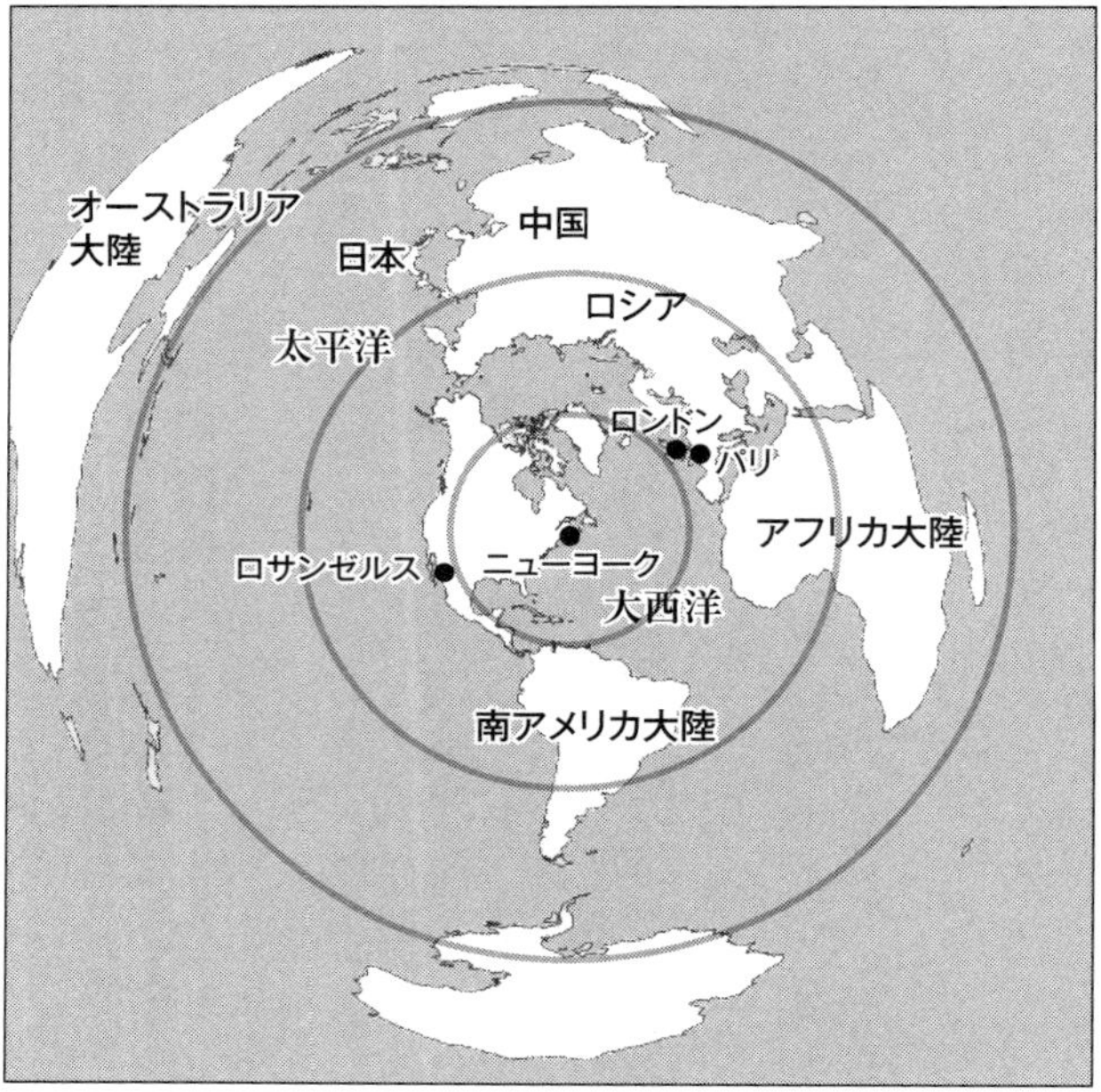

トランプ政権発足から1年、気候変動対策の国際的取り決めである「パリ協定」からの離脱を決めたのも、あるいは、当初はアメリカが主導していたＴＰＰ（環太平洋連携協定）からの離脱も、ＮＡＦＴＡ（北米自由貿易協定）を批判する保護主義的な貿易政策も、まさにアメリカファーストの表れです。

歴史を振り返ると、「アメリカファースト」を掲げた大統領はトランプが初めてではありません。19世紀前半の第5代大統領のジェームズ・モンローは「モンロー主義」とも呼ばれる「孤立主義」の立場をとりました。

戦争を繰り返していたヨーロッパに対してアメリカは不干渉を貫く。だからヨーロッパもアメリカを巻き込まないでほしいという相互不干渉の姿勢です。

このモンロー主義によって19世紀のアメリカは国際情勢に左右されることなく、国力の充実に専念することができました。それが可能だったのは、アメリカがヨーロッパから3000キロ以上も離れているという地理的な優位性があったからです。

改めて地図を眺めてみると、アメリカという国はヨーロッパから見て大きな離れ小島だと言えます。地理的に遠いからこそ、第一次世界大戦に巻き込まれずにすみ、第二次世界大戦でもドイツ軍や日本軍によってアメリカ本土を空爆されることもありませんでした。

この地政学的な圧倒的優位さがあるからこそ、「アメリカファースト」という孤立主義が成り立つのですが、大陸間弾道ミサイルの開発は、この優位性を無効にするものです。トランプが北朝鮮を締め上げるのはそのためです。

政策が重なるトランプとF・ルーズベルト

トランプの権力の基盤は、基本的に不満を抱えている低所得者です。彼らの「数」を味方につけることで、金融資本から自由な大統領となったトランプは、今後しばらく国内では公共事業や雇用対策、減税に力を入れていくことになるでしょう。

これは金融資本が推し進めた新自由主義、グローバリズムによって格差が広がり、多くの国民が傷ついているからです。

新自由主義、グローバリズムはたとえるなら、レスリングやボクシング、柔道などの競技が「体重別」であることを不公正だと言い、無差別級の異種格闘技戦にしろということです。

日本では「自民党をぶっ壊す」と言った小泉純一郎内閣の時代、「談合は悪だ」「独特の商慣習やしきたりは壊すべきだ」「郵政事業は民営化すべきだ」と改革を進め、国境をなくし、グローバル化を推進。日本の市場は自由競争にすればするほど良くなると主張していました。

しかし、体重別の競技を無差別級での戦いにすれば、でかいやつが勝ちます。これが新自由主義の本質です。つまり、新自由主義、グローバリズムはでかくて強いアメリカの金融資本のための政策であり、小泉内閣がそれに乗っかり、その内閣を多くの国民が支持した結果、日本の社会は中産階級が二極化し、格差社会へと変質していきました。これは30代以上の方は身にしみて感じていると思います。

同じことがアメリカでも起こり、リーマンショック以降、加速度的に貧困層が増加。リーマンショックの際も一部の金融資本は高値で売り抜けて儲けていたことが公になり、多くの人が自分たちの利益ばかりを追いかけ続ける金融資本のやり方に拒否反応を示すようになりました。アメリカ人の生活を良くするためだというグローバリズムの「看板」が嘘だということが広く知られてしまったためです。

「あの連中には、もう騙されない」と考える層が、最終的にトランプを支持しました。その声に応えるため、トランプは「アメリカファースト」を実行していくことになります。

そして、その主張は80年前の民主党大統領フランクリン・ルーズベルトの政策と重なるところがいくつもあるのです。

たとえば、ルーズベルトは世界恐慌からの脱却を図るため、国内の製造業の働き手を圧迫するとして輸入を制限する政策を実行。第二次世界大戦開戦後は、国防上の必要がある場合に強制的に外国人（日本人）を隔離することを承認しました。

これは「メキシコ国境に壁を建設する」ことを公約に掲げ、支持層の中核をなす労働者の権利を保護するため、自動車、鉄鋼、軍需などの製造業を保護する政策を進め、不法移民の流入制限を打ち出すトランプと重なるでしょう。

また、ルーズベルトがとった「ニューディール政策」。これは大型の財政出動による公共事業で、景気回復を支えるとともに失業者対策にもなっていました。

この点、トランプも大統領選に勝利した直後の演説で「インフラ整備による雇用創出で経済を回復させる」と宣言。公共事業に力を入れるトランプ版のニューディール政策を進めていこうとしています。「大きな政府」を目指すトランプの国内政策は、共和党政権としては異質です。

アメリカの今後の政策を大きく左右するもの

対外政策に関しても、「アメリカファースト」によって大きな変化が起きることになりました。

２０１７年９月の国連総会で、トランプ大統領は就任後初の一般討論演説を行いました。

この演説の中でトランプは、国内向けに掲げてきた「アメリカファースト」のスローガンを改めて繰り返し、「私は常にアメリカを最優先する。皆さんも指導者として自国を常に最優先するだろうし、そうすべきだ」と強調。主権国家は、それぞれが自国の利益を追求する権利を尊重すべきだと訴えました。

これはオバマ政権まで一貫して、グローバリズムを掲げ、その主導役を果たそうとしてきた姿勢から大きな方向転換をしていくという表明です。

この先、アメリカがどう動いていくのか。大統領としての手腕が未知数であるトランプの動向を懸念しているのは、２つの大国ロシア、中国も同じでしょう。プーチン大統領は早くからトランプ大統領の誕生を歓迎する一方、国内での権力固めに奔走している習近平主席は、トランプに振り回されている印象です。

それを踏まえたうえで、対露、対中、対中東など、サバイバル・ゲームとしてのアメリカの対外政策はどう動いていくのか考えてみましょう。

まず、大前提として、思い出しておきたいのが、大国アメリカは一枚岩ではないという事実です。これまでも述べたように大きく分けて5つの勢力が政権に影響力を発揮してきました。

ウォール街を中心とする「金融資本」、軍と軍需産業からなる「軍産複合体」、「草の根保守」、「移民労働者」、キリスト教の「宗教右派」。この5つの勢力はそれぞれの武器（金融資本と軍産複合体は政治資金、草の根保守と移民労働者、宗教右派は有権者の数）で時の政権が共和党であろうと、民主党であろうと、確実に影響力を行使していきます。

しかも、各勢力によって求める対外政策は異なります。最終決断を下す大統領は、さまざまな変数を総合的に判断して結論を下すわけです。

たとえば、対中国への対応を考えてみましょう。

対中国政策でぶつかるパンダハガーとドラゴンスレイヤー

中国をまだまだ成長・開拓の余地がある儲かる市場として見ている「金融資本」は、親中派で通称パンダハガー（パンダ＝中国に抱きつく者）と呼ばれています。ですから、グローバリズムの推進という点で利害が一致し、金融資本から豊富な資金援助を受けてきた民主

（図2）トランプを支える閣僚でわかるアメリカの方針

親中派 パンダハガー	反中派（親露派） ドラゴンスレイヤー

中国を投資先と考える金融界出身者 VS **中国のこれ以上の支配を許さない軍出身者**

親中派をパンダハガー（パンダ＝中国に抱きつく者）と呼ぶ。その代表格は中国を投資先と捉えている金融界、ウォール街出身者たち。そして、ニクソン訪中のお膳立てを行ったヘンリー・キッシンジャーの下で育った国務省（外務省）のキッシンジャー派

財務長官
スティーブン・ムニューチン

商務長官
ウィルバー・ロス

反中派をドラゴンスレイヤー（ドラゴン＝中国を倒す者）と呼ぶ。その中核はアメリカ軍、国防総省出身者たち。彼らは中国の海洋進出を許さない。そのためにはロシアに歩み寄るという親露外交を選ぶ可能性も。軍事的緊張が商売になる軍需産業もドラゴンスレイヤー側だ

国防長官
ジェームズ・マティス

太平洋軍司令官
ハリー・B・ハリス

党政権は代々、中国寄りの政策をとってきました。

一方、「軍産複合体」を構成する軍にとって、太平洋への進出を目論む中国は明確な仮想敵国です。中国が南シナ海の人工島に軍事施設を作ったとき、民主党のオバマ政権が弱々しい抗議しかできなかったことを悔いている軍関係者は少なくありません。

また、軍需産業にとっても中国との緊張状態は、アジアの同盟国に対して武器をセールスする絶好の機会となり、

歓迎すべきことです。

このような軍産複合体は反中派で、ドラゴンスレイヤー（ドラゴン＝中国を倒す者）と呼ばれています。

「草の根保守」と「移民労働者」にとっての中国は、身近な人の仕事を奪った国です。安い中国製品の流入や安い人件費に惹かれて大企業の工場が移転したことで、アメリカの製造業は衰退しました。ですから、彼らは立場的に反中と言えるでしょう。

金融資本の支配下にいないトランプは、オバマ政権と違い、中国に対して弱腰でいる必要がありません。もし中国が南シナ海、東シナ海で傍若無人な振る舞いを見せることがあれば、軍を動かし、プレッシャーをかけます。母親が日本人で横須賀生まれのハリー・B・ハリス太平洋軍司令官は、中国が彼の解任を要求したほどのドラゴンスレイヤーです。

また、経済面でも大統領選中のトランプは「中国からの輸入品に対して関税をかける」と発言していたように、中国に対して厳しい対応を取るスタンスを見せています。ただし、彼はビジネスマンですから、何が得かについては敏感です。経済政策に関しては、アドバイザー次第でパンダハガー的な選択を取る可能性もあるでしょう。

たとえば、財務長官に指名されたスティーブン・ムニューチンはゴールドマン・サックス出身。金融資本の代理人で親中派のパンダハガーです。この人事は、選挙中は敵対していた金融資本勢力を、逆に抱きこもうと考えたトランプの一手でしょう。

言い換えれば、今後のアメリカの動きは、トランプを支える閣僚の顔ぶれからある程度読み取ることができます。

ロシアとの関係改善を目指している？

主要閣僚ポストを見ると、軍人出身者の多さが目立ちます。

国防長官（日本でいう防衛大臣）にジェームズ・マティス（アメリカ海兵隊退役大将、元アメリカ中央軍司令官）、大統領首席補佐官にジョン・ケリー（海兵隊退役大将、元アメリカ軍南方司令官）、国家安全保障担当の大統領補佐官にハーバート・R・マクマスター（元陸軍能力統合センター長）。

なかでもトランプのブレーン中のブレーンと見られているのが、マティス国防長官とマクマスター安全保障担当首席補佐官です。

マクマスターはベトナム戦争の研究をしてきた人物で、あの戦争がなぜあれだけ泥沼化していったかについて、当時の民主党ジョンソン政権が軍の反対を聞かず、「共産主義を許さない」というイデオロギーを掲げて深入りしていったからだという主張を続けてきました。頭でっかちのイデオロギーを嫌うリアリストなのです。

アフガン戦争を指揮したリアリストのマティス国防長官は、中国を安全保障上の課題の1つに挙げ、こんな発言をしています。

「もし中国が南シナ海などで強引な役回りを続けるようなら、これに対抗する力がある政策も併せ持たなければならない」

「（アジア太平洋地域について）同盟国の経済や領有権が中国の拒否的な力に支配されないようわれわれができることをすれば、それはすべて歓迎されるだろう。われわれの軍事力が縮小するにつれ、強い同盟国の必要性はより明らかになっている」

彼らは海洋進出を進めている中国に対して、日本が独自の防衛力を強めることを歓迎します。

もう1人、目を引くのが、国務長官（日本でいう外務大臣）に指名されたレックス・ティラーソンです。

この人は1990年代、カスピ海やサハリン沖での開発を担当する会社の責任者を務め、その後はエクソン・モービルのＣＥＯとして、ロシアの国営石油会社ロスネフチと合弁事業を行い、プーチン大統領から友好勲章を授与された人物。政治経験のない人物が国務長官に起用されるのは異例中の異例なうえ、史上初の親露派の国務長官です。

その起用理由についてトランプは、２０１６年12月、中西部ウィスコンシン州での演説で、「ティラーソン氏は、われわれがうまく付き合えなかった世界のリーダーとも友好関係がある。それが気に食わない人もいるが、だからこそ私は国務長官に選んだ」と述べています。

ティラーソン国務長官を起用することでロシアと関係改善し、協力しながら過激派組織ＩＳの壊滅を目指していることがうかがえます。

梯子を外されるかもしれない日本

トランプ政権の誕生で、ロシアとアメリカの関係は短期的には接近していくでしょう。トランプは選挙中から、プーチンが反グローバリスト、かつ民族派の指導者ということで、お互いの相性の良さをアピールしていました。

トランプ政権がプーチンの支援するシリア政府軍の空軍基地を空爆したことで米露関係は一時的に緊張状態に入ったものの、米軍もISと戦うクルド人武装組織を支援し、「首都」ラッカを攻略させました。トランプ政権は基本的に「親ロシア」であり、オバマ政権時のように激しく対立することはないでしょう。なぜなら、共通の敵であるISを潰すという目標があるからです。

トランプが強く主張してきたISの壊滅のためには、ロシアの協力が不可欠なのです。ISが壊滅すれば、シリアは親ロシア政府であるアサド政権が息を吹き返します。

つまり、当面はトランプ、プーチンにとって協力するに足るメリットがあるわけです。しかし、共和党の保守本流は反ロシアですから、中長期的に見てアメリカとロシアの蜜月が続くことはないでしょう。

ビジネスマンの大統領とリアリストの軍人は相性が良く、安全保障面で強いアメリカを打ち出すことができれば、トランプ政権は安定します。

そのため、たとえば対北朝鮮に関しては、アメリカにとってベストだと判断できる落とし所が見つかれば、妥協することも考えられます。日本からすると梯子《はしご》を外されるような選択ですが、アメリカ本土を脅かさない範囲での核保有を認め、金正恩と交渉する可能性がないとは言い切れません。実際、インドやパキスタンの核武装も、結局は同じ形で認めているからです。

トランプ政権の本当の破壊力が見られるとき

イギリスのＥＵ離脱、トランプ大統領誕生が示すように、大きな潮流としてグローバリゼーションの揺り戻しが来ています。第二次世界大戦後、戦争をなくすため国境を取り払おうという「看板」とともに広がっていったのがグローバリズムです。

ところが、その結果として富が一カ所に集中し、格差が拡大してしまいました。トランプがメキシコ国境に作ろうとしている壁を含め、各国で内向きの傾向が強くなっています。世界史を見れば、この方向性の先にあるのは、戦争です。

もちろん、大国が核保有国である以上、直接ぶつかり合う第三次世界大戦にはなりません。起きるのはあくまでも地域紛争でしょう。しかし、そこに必ず米中露の思惑が絡んでいきます。

そういった厳しい情勢下で、政権内にパンダハガーとドラゴンスレイヤーを抱えたトランプ政権はどう動くのか。実はまだ不透明な部分が多いというのが、正直なところです。

というのも、アメリカは日本と違い、民主党から共和党への政権交代が起こると国家公務員の上層部がごっそりと入れ替わります。その人数は1万人にも及ぶといわれ、各省庁の局長クラス以上が全部変わります。

連邦政府は巨大な組織ですが、トランプ政権は発足後1年近く過ぎても、国家公務員の入れ替え作業が終わっていません。異例の事態です。オバマが指名した高級官僚が現場に残っていて、トランプの大統領令に移民管理局の官僚が楯突くという事態も起きました。

そういった意味では、トランプの意思を実現するために必要な政権はまだ発足していないとも言えるのです。閣僚は決まりましたが、官僚組織をトランプ政権が掌握できていない。異色の大統領トランプは、共和党系の官僚たちからも警戒され、人が集まらないのです。

トランプ政権の破壊力は、まだまだ本領発揮とはいえない状況です。今後、官僚組織を掌握した後、トランプ大統領が内政、外交のサバイバル・ゲームでどういう決定を下していくのか。予測不可能さが強みであるだけに、目が離せないと言えるでしょう。

「これから」を読む視点4　閣僚で変わるアメリカのサバイバル・ゲーム

政治経験のないトランプが、政策を進めるうえで頼りにするのが閣僚たち。親中派の閣僚と、親露派の閣僚がどんなバランスになるのかを見れば、今後のアメリカの動きが読み取れます。

「これから」を読む視点5　トランプ大統領誕生で米中露の関係が大きく変わる可能性も？

かつて米中露の関係を「三国志」にたとえ、「魏がロシア、蜀が中国、呉がアメリカ」と言ったのは、毛沢東です。3カ国は、敵の敵は味方という綱引きを続けてきました。「親中、反露」だったオバマ政権からトランプ政権に代わったことで、米中露の関係に変化の兆しが見えています。

「これから」を読む視点6　反グローバリズムの時代の始まりは、紛争の時代の前兆か

景気が悪化し、格差が拡大するとナショナリズムが台頭するのは歴史的に繰り返されてきた流れです。グローバリズムからの揺り戻しによって、国家間の戦争の危険が高まる時代を迎えつつあります。

第3章

止まらぬ右傾化の流れとEU分裂の危機

〈ヨーロッパ編〉

ヨーロッパを揺るがす移民問題とテロは解決に向かうのか？
（2017年3月22日のロンドンのテロ現場）

Alexandre Rotenberg/Shutterstock.com

＊イギリス編

基本ポイント１　他のヨーロッパの大国に征服された歴史がない

激しい海流のドーヴァー海峡に守られ、中世以降、一度も他国に征服されることなく、スペインの無敵艦隊、ナポレオンのフランス艦隊、ヒトラーのドイツ軍を退け、独立を保持してきました。

基本ポイント２　世界中に英連邦の加盟国がある

イギリスは産業革命によって19世紀初頭に、いち早く工業立国を実現。世界中に植民地を持っていた大英帝国は、欧州大陸の国々の経済に頼らずに大きな繁栄を手にしていきました。植民地の独立で帝国が崩壊した後も、金融の分野を軸に英連邦として維持され、現在も英連邦は54カ国、このうちイギリス国王を戴く英連邦王国は16カ国が加盟。イギリスは独自の力を保っています。

基本ポイント３　勤勉を美徳とするプロテスタントの価値観を持つ

「蓄財は罪」と教えたカトリックに対して、プロテスタントは「勤労と蓄財は神のご意思にかなう」と考えます。経済が比較的好調なイギリス、ドイツはプロテスタントが多く、カトリックの多い南欧諸国のイタリア、スペイン、ポルトガルは低調です。経済格差の背景には宗教的な価値観があります。

＊フランス編

基本ポイント１　**現在のフランスの始まりは、フランス革命から**

フランス人の多くが、現在のフランスの始まりは「ブルボン王朝を否定したフランス革命から」であり、「共和国を建てた目的は自由、平等、人権の擁護にある」と考えています。民族ではなく、理念から始まっていること。こういう国は、アメリカとフランスだけです。

基本ポイント２　**侵略したのも〝自由〟を広げるため**

19世紀から20世紀初頭にかけ、アフリカ大陸を中心に、東南アジアにまで植民地を広げていきました。その際、フランスが掲げていた看板もまた、フランス革命の理念でした。「遅れた民族を文明化させ」、「自由、平等を世界に広げる」という大義名分のもと、侵略戦争を進めていったのです。

基本ポイント３　**広く門戸を開いてきた移民政策**

フランスは21世紀に入るまで移民に寛容な国でした。なぜなら、人種や民族の差別なく、フランス語を学び、フランス革命の精神を理解、尊重する人には門戸を開いていたからです。しかし、その揺り戻しで移民による問題がいち早く表面化したのもフランスでした。

5 世界史を知ると、イギリスがＥＵを離脱した理由がわかる

イギリス国民が国民投票でＥＵからの離脱を選択したのは、２０１６年６月のことでした。このニュースにどういう意味があるのか、ピンとこなかった方も多かったのではないでしょうか。

当時のキャメロン首相を筆頭に、イギリスの主要メディアやマーケット、各国首脳はＥＵ残留派の勝利を予想していました。ところが蓋を開けてみると、離脱派51・９％、残留派48・１％という僅差で離脱派の票数が上回り、キャメロン首相は辞任。後任のテリーザ・メイ首相がＥＵ離脱協議を進めています。

なぜ、イギリス国民はＥＵ離脱を選択したのでしょうか。

その理由は大きく分けて、２つあります。

直接の大きな理由となったのは、２０１５年以来ヨーロッパに吹き荒れる移民難民問題です。収容人員の限界に達したドイツを中心としたＥＵ各国は、イギリスにもトルコ、中東、

北アフリカからの移民を受け入れるよう圧力を強めていました。

しかし、島国であるイギリスの国民にとって移民が増えることへの抵抗感は大きく、国内の雇用状況の悪化、治安の悪化への不安を理由に、多くの流動票が国民投票前にＥＵ離脱に流れました。

特に２０１５年11月のパリ同時多発テロなど、過激組織「ＩＳ（イスラム国）」の影響を受けた欧州育ちのテロリストによる大規模なテロの続発も国民投票に大きな影響を与えました。これが直近の理由です。

もう１つの理由は世界史を振り返ることで見えてきます。それは、欧州大陸の大国ドイツへの対抗心、そして「そもそも我々はヨーロッパ人ではない」というイギリス人の考え方にあります。

日本人から見れば、イギリスはヨーロッパの一部ですが、イギリス人のメンタリティは違います。この「我々はヨーロッパ人」ではないという考え方は、ＥＵ離脱を含め、イギリスという国を動かす基本原理となっています。

欧州の島国として「栄光ある孤立」を守ってきたイギリスは、歴史的に他国と群れるのを好まず、大陸に覇権国家が登場するとあらゆる手段で叩き、独立を保ってきました。こうした考え方はどのようにして生じ、培われていったのでしょうか。

イギリスがEUを離脱した歴史的必然

イギリスにとって同じプロテスタントの国であるドイツは歴史上、長年のライバルです。ＥＵ離脱という決断の背景にも、ＥＵを実質的に仕切っているドイツの風下には立ちたくないというナショナリズムが見え隠れしています。

キャメロン元首相が国民投票に踏み切ったのも、離脱派の票数が過半数に届かずともかなりの数字となり、イギリス国民がどれほどＥＵに不満を持っているかを明らかにし、それをドイツとの交渉材料にしようと考えたからです。しかし、実際には離脱派が過半数を超え、ＥＵ離脱に反対していたキャメロン元首相の目論見は外れて辞任に追い込まれます。

歴史を振り返ると、国民の過半数が離脱に票を投じた背景も理解

（地図8）世界中に英連邦王国の加盟国がある

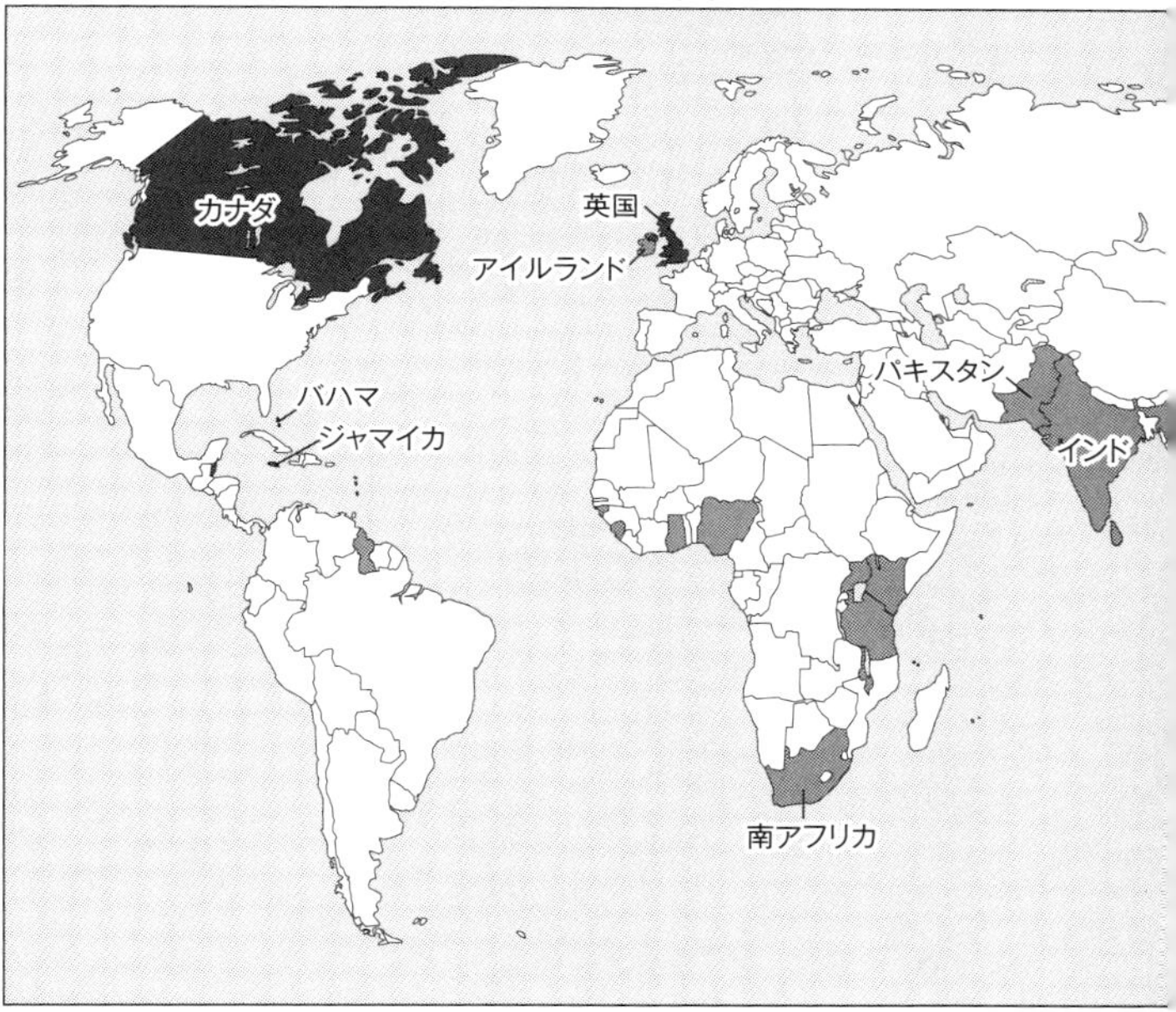

できます。

19世紀初頭、イギリスは産業革命によっていち早く工業立国を実現したものの、20世紀初頭に工業生産額でドイツに抜かれます。日本は最近、GDPで中国に抜かれましたが、同じような現象が起こったのです。

イギリスはその後、金融立国に転換し、輸出によって蓄えた資本を外国に投資することで生き残りを図ります。ところが、近年はフランクフルトの金融街が存在感を高め、金融国家の地位もドイツに脅かされるようになりました。

それでもイギリスがEUに参加していたのは、関税ゼロなどの経済的なメリットを得るためです。統一ヨーロッパとの距離感は、イギリスが欧州統合の二大偉業とされる単一通貨ユーロにも、国境審査を廃止するシェンゲン協定にも参加せず、「特別な地位」を守ってきたことからも見えてきます。

特にユーロの導入を拒否し、ポンドを守ってきた理由は、通貨発行権を自国で握っていなければ自由な金融政策をとれないからです。ユーロを導入してしまうと、欧州中央銀行を仕切るドイツにいちいち相談しなければいけません。

今回のEU離脱は、失ってしまった「栄光ある孤立」というプライドを取り戻す動きだと言えるかもしれません。歴史上イギリスは常に大陸から一歩引いた立場を保ってきたのです。

視線の先には、常にロシアがあった

イギリスが海峡の向こうを見る視線の先には、常にヨーロッパ各国とロシアがあります。

大英帝国の時代、超大国イギリスは帝政ロシアと「グレート・ゲーム」と呼ばれる覇権争いを行っていました。

本書でニュースを読み解く視点の1つとして取り上げている「地政学」は、この時期、イギリスの地理学者であるハルフォード・マッキンダーによって理論化されました。マッキンダーは日本でいうと、明治・大正期の地理学者であり、政治家、外交官です。

当時のイギリスにとってインドは経済的にも軍事的にも非常に重要な植民地でした。マッキンダーはアフリカ沿岸からインド、マレー半島、香港まで海上ルートで結ばれた大英帝国の「土地」「通り道」をいかにしてロシアの脅威から守るかということを考え、地政学を理論化していきます。

彼は、イギリス陣営を「シーパワー」、ロシア陣営を「ランドパワー」と名付け、こう結論付けます。

・ロシアはユーラシア大陸（世界島）の中心部であるハートランドを押さえている。だが、ここを発する大河はすべて北極海か、内陸湖であるカスピ海に注いでいるため、ロシアは外洋に出ることはできない。

・イギリスは大西洋、インド洋において世界最強の海軍力を持つが、イギリス艦隊がハートランドに進入することはできない。
・鉄道の普及によってユーラシア大陸内陸部の移動が容易になり、ロシアの膨張は加速する。
・ロシアが東欧、地中海沿岸に進出すると大英帝国の海上ルートが脅かされる。ロシアが東欧に進出しないように封じ込める必要がある。

空軍がまだない時代、広大な植民地を結ぶ海上ルート（通り道）と、それを守る海軍力が大英帝国の生命線でした。特にインドへ向かうには地中海からエジプトのスエズ運河を抜けていきます。その地中海に帝政ロシアが出てくることだけは、避けなければいけない。ロシアは滅ぼせないが、海軍力でロシアを封じ込めることはできる、というのが基本戦略だったわけです。

事実、19世紀以降、イギリスが関わった戦争のほとんどは、ロシアの封じ込めを目的としていました。

たとえば、クリミア戦争ではロシアと戦うオスマン帝国を支援。第二次アフガニスタン戦争では南下するロシア軍を止めるため、アフガニスタンを占領します。そして、黄海から東シナ海に出ようとするロシアを抑えたのが日露戦争で、イギリスは日英同盟を結び、日本へ武器供与、財政支援、情報提供を行いました。

こうしたイギリスの対ロシア政策は21世紀になった今も基本的に変わっていません。プーチン大統領が黒海から地中海に向かう重要拠点であるクリミアを併合して以降、イギリスとロシアの緊張は高まっています。

しかし、過去には例外的にイギリスとロシアが協調したことが2回あります。それは新興のランドパワーであるドイツが台頭したときです。「敵の敵は味方」という理屈で英露が同盟を結び、第一次世界大戦、第二次世界大戦ともにドイツを叩きました。

歴史の転換点に立ったイギリスとEU

ヨーロッパ各国に対するイギリスの外交の原則は「オフショア・バランシング」といいます。沖合（オフショア）から大陸を眺めてバランスをとるというものです。

過去にイギリス本土の安全が脅かされたのは、ルイ14世やナポレオン、ドイツのヴィルヘルム2世やヒトラーのような野心家によってヨーロッパに覇権国家が生まれたときでした。この教訓から、イギリスはドイツ、フランス、ポーランド、イタリアなど、ヨーロッパの国同士が常に争っている状態こそ好ましいと思い、このバランスを崩すような国が現れたときは、他の国々と同盟し、対抗してきました。

そんなイギリスの視線は今、ヨーロッパを飛び越え、中国に向いています。

キャメロン前首相らは2015年10月に中国の習近平国家主席が訪英した際、バッキンガム宮殿で晩餐会を開くなど、非常に手厚く歓迎の意を示しました。

そして、同盟国アメリカの非難を意に介さず、先進国として初めて中国が主導するアジアインフラ投資銀行（AIIB）に参加すると名乗りを上げました。

イギリスの金融街は投資先としての中国にまだまだ開発の余地があると考え、中国側は資金不足をポンドの借り入れで補おうとしています。両国の思惑が一致している以上、この流れはEU離脱を加速させ、より確実なものにしていくことでしょう。

一方、EU側から見たイギリス離脱はデメリットのほうが大きいと言えます。なにより離脱の前例を作ってしまったことが、今後のEUの結束にダメージを与えることになるでしょう。

たとえば、フランスでは政策として「反移民」「EU離脱」を掲げる民族主義政党・国

（地図9）EUを離脱する、イギリスの目論見とは？

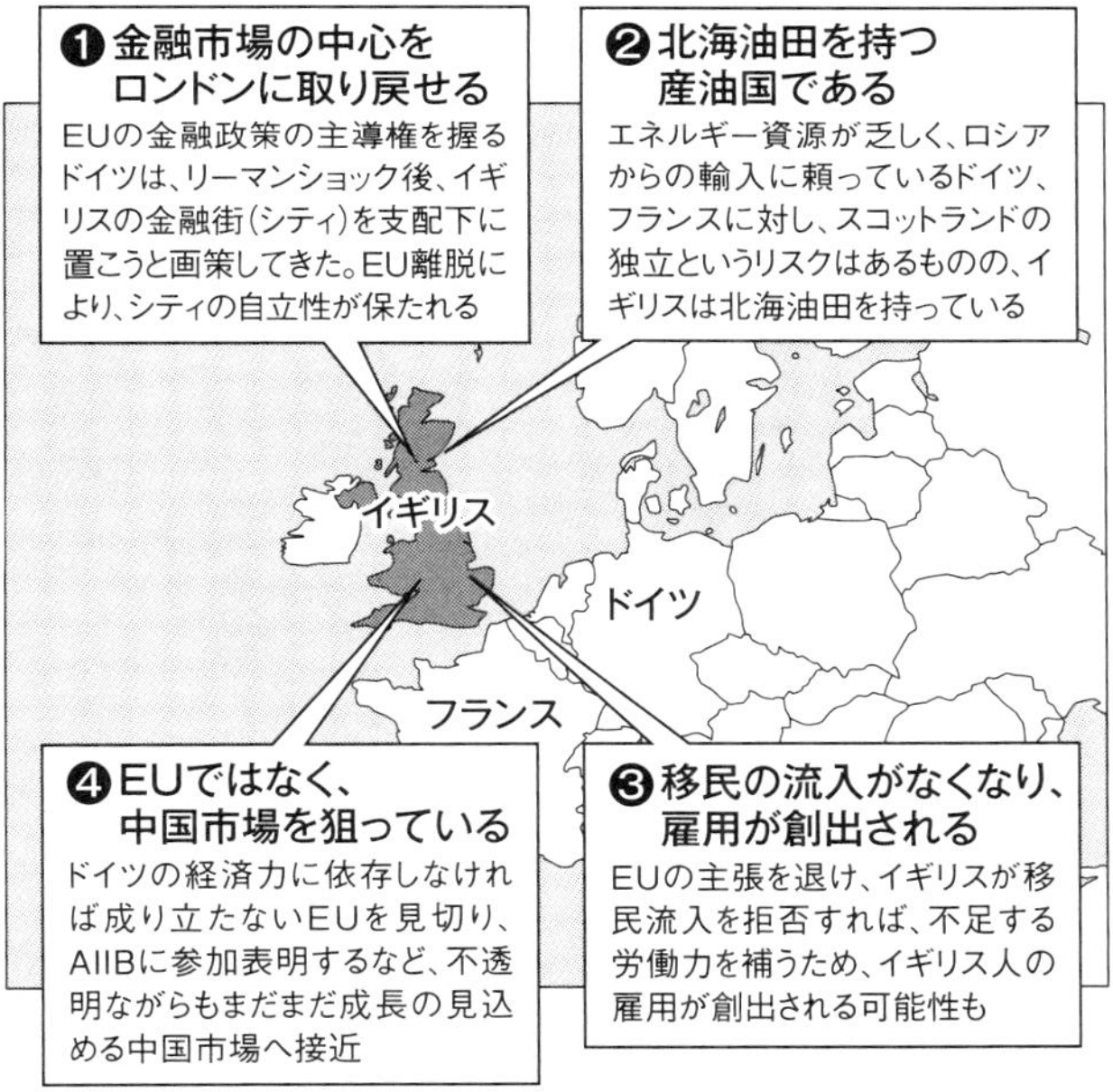
❶金融市場の中心をロンドンに取り戻せる
EUの金融政策の主導権を握るドイツは、リーマンショック後、イギリスの金融街（シティ）を支配下に置こうと画策してきた。EU離脱により、シティの自立性が保たれる
❷北海油田を持つ産油国である
エネルギー資源が乏しく、ロシアからの輸入に頼っているドイツ、フランスに対し、スコットランドの独立というリスクはあるものの、イギリスは北海油田を持っている
イギリス
ドイツ
フランス
❹EUではなく、中国市場を狙っている
ドイツの経済力に依存しなければ成り立たないEUを見切り、AIIBに参加表明するなど、不透明ながらもまだまだ成長の見込める中国市場へ接近
❸移民の流入がなくなり、雇用が創出される
EUの主張を退け、イギリスが移民流入を拒否すれば、不足する労働力を補うため、イギリス人の雇用が創出される可能性も

民戦線が支持を伸ばしています。

また、イギリスと同じくユーロに加盟していないデンマーク、スウェーデンでも移民問題からＥＵ離脱の声があり、地滑り的にＥＵそのものが崩れていく可能性があるわけです。

逆にスコットランドではイギリスから独立し、ＥＵに復帰すべきという世論があります。

スコットランドのイギリスからの独立となると、これは約３００年ぶりです。ＥＵ、そしてイギリスは、今、歴史の大きな転換点にいると言えるのです。

「これから」を読む視点1 英語が世界の公用語で、英国も世界の中心である

イギリス人にとって「英語は世界の公用語。ドイツ語を話しているのはドイツ人だけ」といったプライドがあるのは事実。大英帝国時代の意識は現在も脈々と息づいています。

「これから」を読む視点2 「栄光ある孤立」…島国は強みでもあり、弱みでもある

イギリスの外交方針の基本は、海を隔てたヨーロッパ大陸に大国を出現させないこと。大国が現れるたび、その周辺国に力を貸して欧州統一を妨害してきました。現在はドイツの影響力を低下させることに躍起になっています。

「これから」を読む視点3 イギリスのEU離脱が、大きな歴史の転換点に

イギリスのEU離脱で、冷戦後、グローバル化に進んでいた国際情勢がナショナリズム回帰の流れへ。「アメリカファースト」を掲げて大統領選に勝利したトランプの躍進とも根っこの部分でつながっています。また、その影響は対中国、対ロシア関係にも及び、遠からず日本にも及んできます。

6 自由の国・フランスも右傾化。ヨーロッパの要はどうなるのか？

日本人が観光で訪れる先進国の中で、最も英語の通じない国がフランスでしょう。彼らは東洋人がキョトンとしていても、頑《かたく》なにフランス語を話します。

なぜなら、自国の歴史と文化に強烈な自信を持っているからです。

マンガや映画で描かれることも多いフランス革命が起きたのは、18世紀末。ブルボン王朝を倒し、絶対王政から共和政に移行させた市民革命でした。

その理念は自由と平等、人権の擁護。キリスト教が王政と深く結びついていた反動から、政教分離を徹底させていきました。

フランスは温暖な自然環境を生かした農業国として発展し、増加した人口を背景にヨーロッパ最強の陸軍を持ち、19世紀までヨーロッパの中心でした。

当時、ヨーロッパの共通語はフランス語であり、ドイツ、スペイン、イタリア、遠くロシアの貴族もフランス語を学び、話すことが社交界のたしなみでした。また、世界史の授業で習うウィーン会議、パリ講和会議などの国際会議もフランス語で行われていたのです。

英語圏のイギリスは片田舎。自分たちこそが本当のヨーロッパ。

これが今もフランス人の根底にある唯我独尊のメンタリティとなっています。

フランス革命以降、フランスにはフランス人という民族はいません。彼らを共和国の国民として結び付けているのはフランス語と、自由、平等、人権の擁護という理念だったのです。理念共同体としての国家の成り立ちは、アメリカ合衆国とそっくりです。

フランスが受けているテロというしっぺ返し

現在、フランス国内だけでなく、ヨーロッパ各国で移民とテロが大きな問題となっていますが、その背景には植民地支配の歴史があり、旧宗主《そうしゅ》国がしっぺ返しを受けていると言えます。

フランスは17世紀、ルイ14世による絶対王政の時代にカリブ海や

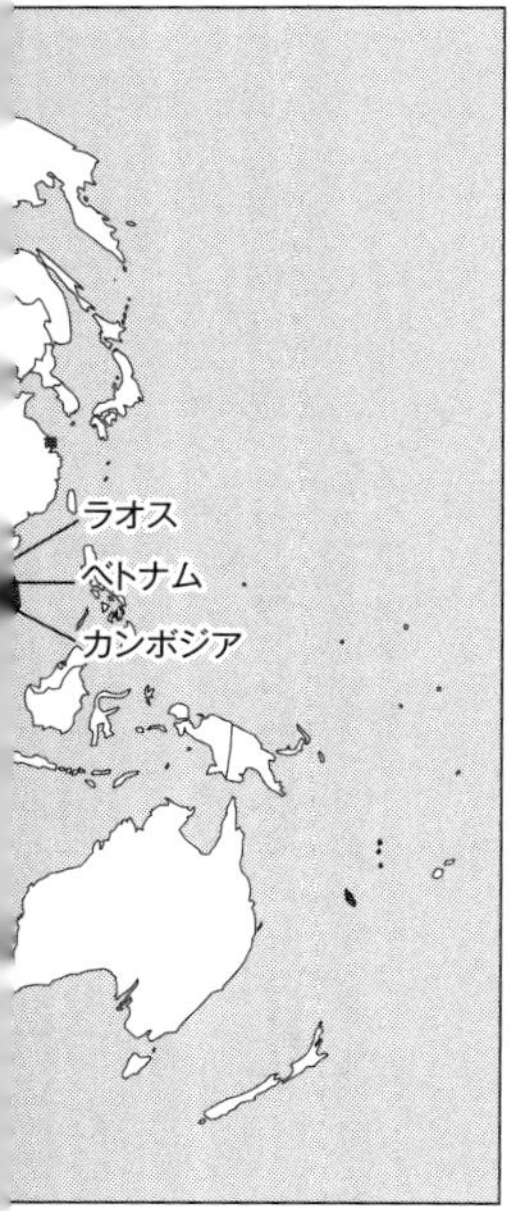

（地図 10）20 世紀のフランスの植民地

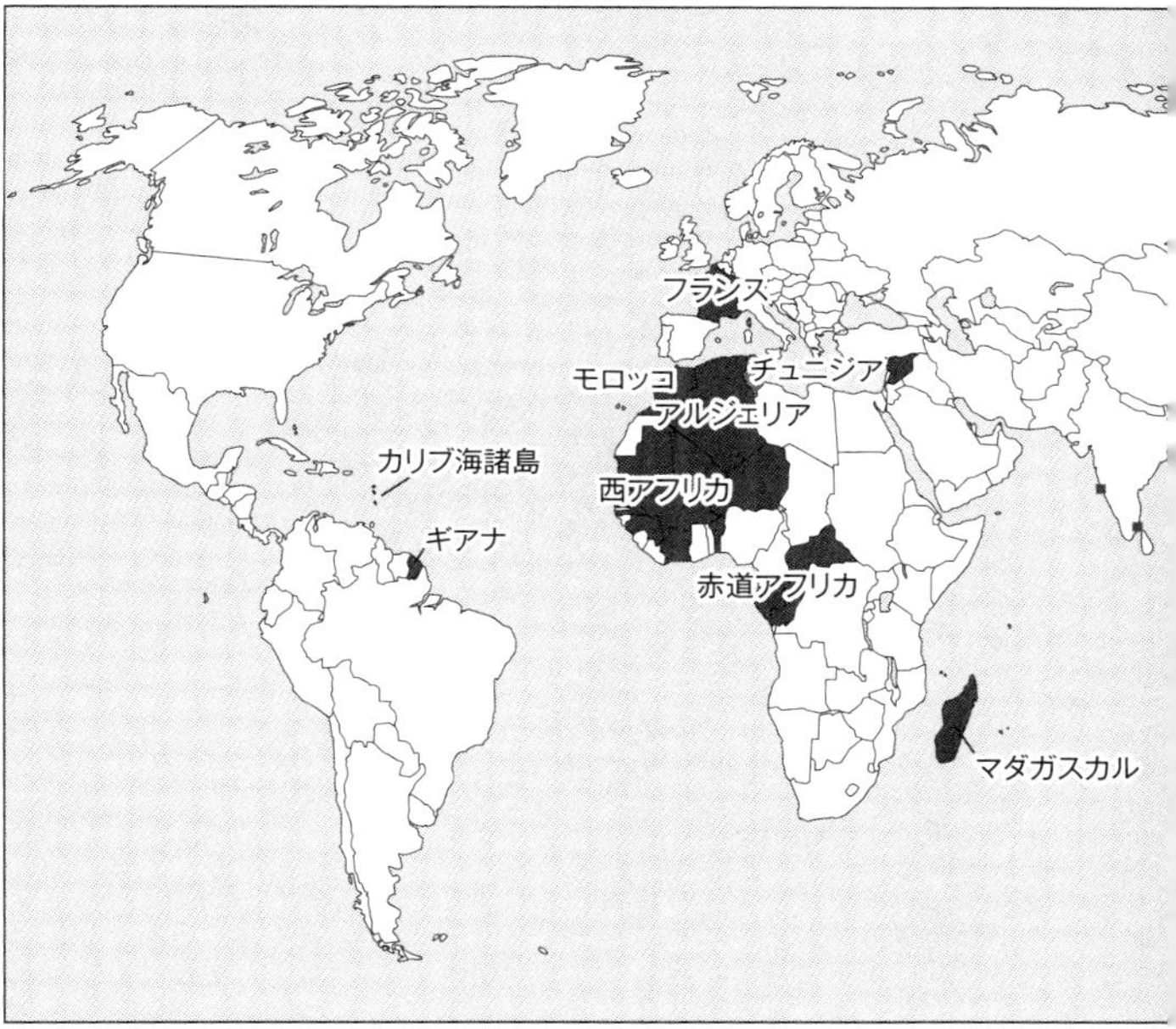

北米、インドなどに植民地を持つようになります。しかし、18世紀半ばまでにイギリスとの覇権争いに敗れ、その大半を失ってしまいました。

その後、新たな植民地開拓が始まったのはフランス革命以降。とくに19世紀後半の第三共和政の時期にアフリカや中近東の植民地化を進めていきます。

ここからフランスの植民地はマダガスカル島、北アフリカのアルジェリア、チュニジア、モロッコ、サハラ以南の仏領西アフリカ、赤道アフリカ、ベトナム、カンボジア、ラオスなどに広がり、第一次大戦の戦勝国として旧ドイツ領を併合した時点で、大英帝国に匹敵する規模になりました。

自由と平等、人権の擁護を理念としたフランス革命によって建てられた共和国が、次々と植民地を広げていくのは矛盾するように思えますが、当時のフランス人はこう考えていました。共和国は文明の光で、アフリカやアジアの未開人の悪習を正す責務を担っている、と。そのためには現地に入植し、理性的ではない原住民を啓蒙して、文明化する必要があるという論理です。

もちろんこれは、まさにプロローグで紹介した「看板」に過ぎません。本質は、北米やアジアでの植民地支配に成功し、超大国となっていた大英帝国に対抗するための「縄張り争い」であり、自分たちがより良い暮らしをするための「陣地取り」でした。

ところが、第二次大戦中にナチス・ドイツがパリを占領します。フランスはこの戦争で大きなダメージを受け、戦後はアルジェリアやベトナムなど、北アフリカや中東、アジアの植民地で一斉に独立運動が起こります。

当初、フランスは独立運動を抑え込もうと軍隊を送り込みますが、激しい独立戦争に敗れ、1962年のアルジェリアの独立によって、植民地支配は終わります。これによってフランス製品を独占的に販売できていたマーケット（土地）を失い、大戦後の物を作れば売れるという戦後復興の好景気を過ぎると、フランスはじわじわと経済的な力を失っていったのです。

一方、独立した旧植民地にはソ連（ロシア）が接近。イギリスやフランスといった旧宗主国に反感を持つ民意につけ込み、北アフリカにはソ連のミニチュアコピーのような計画経済の独裁政権が広がります。これらの国々はソ連衰退とともに経済的に停滞し、国民は仕事と豊かさを求めて、言葉の問題が少ない旧宗主国フランスへと出稼ぎに出たのです。

国民の10％を占める移民増加の背景

自由にこだわるフランスは、出稼ぎや移民の受け入れに関してもおおらかでした。フランス語を習得し、自由・平等の理念に賛同すれば、国籍が与えられてきたのです。

特に第二次大戦後の復興期である１９５０年代、60年代は労働力として多くのイスラム系の移民を旧植民地の北アフリカから受け入れました。

１９７３年のオイルショックによって戦後の復興景気は終わります。しかし、出稼ぎ労働者としてフランスにやってきた人々の多くは家族を呼び寄せ、移民として定住しており、今さら追い返すことはできませんでした。

その後も移民数は増え続け、現在イスラム系だけで約500万人、全体では700万人近い移民がいるといわれています。

これは国民の10％を占める数で、2005年のパリ郊外での移民の暴動事件前後から高まってきた移民排斥の動きは2015年、預言者ムハンマドの風刺画を掲載したシャルリー・エブド誌への襲撃事件、パリ同時多発テロ事件によって、自由の理念を揺さぶるレベルに達しています。

ちなみに、パリ同時多発テロ事件の首謀者はＩＳ（イスラム国）メンバーのモロッコ系ベルギー人で、バタクラン劇場を襲撃したのはアルジェリア系ベルギー人やフランス人、スタッド・ド・フランス（国立競技場）付近の自爆犯はシリアから難民にまぎれて渡航したとされています。また、シャルリー・エブド襲撃事件に呼応してパリ郊外のユダヤ系飲食店に立てこもり、客や従業員を死亡させた事件の犯人は、西アフリカのマリ系フランス人でした。

アルジェリア、マリ、モロッコ、シリアはいずれもフランスの旧植民地です。

フランスで生まれた移民の子供たちは景気の悪化によって仕事がなく、名前で差別されます。移民の2世、3世の心にはフランスに対する鬱屈が溜まり、その反動から一部の人たちがＩＳに走ってしまうという現象が起きているのです。

徹底した政教分離とドイツとの因縁

また、イスラム過激派がフランスを標的にする理由の1つに、政教分離の原則がありまず。現在のフランスの始まりであるフランス革命は、ブルボン王朝を倒しただけでなく、教会も倒しました。

宗教は迷信であるとして、政治と教育の場から宗教を徹底的に排除していったのです。今でもフランスの公立校には、十字架を首から下げて登校することはできません。聖書の持ち込みも禁止されています。

これを政教分離の原則と言いますが、ここまで徹底している国は見当たりません。その代わり、「自由、平等、人権」が一種の宗教になっているのです。

逆に政教ががっちりと一体になっているのが、イスラム教圏の国々です。これは文化の違いとしか言えませんが、イスラム教徒からするとフランス革命の理念は理解しがたいものです。

イスラム教徒の女性はヒジャーブ（スカーフ）を被っています。当然、学校にもそのまま登校します。ところが、フランスの公立校では、十字架と同じくヒジャーブも被らないように指導するわけです。ヒジャーブを被り続けた生徒が退学になった例もあります。

いわば、イスラム教と「自由平等人権教」がぶつかっているような状態です。イスラム過激派から見ると、フランスの建国の理念が反イスラムの危険思想となるのです。

こうしたフランスの国内情勢と複雑に絡み合っているのが、ドイツです。

昔も今も、フランスにとって平地の国境を接する〝ドイツを増長させないこと〟が国益を左右する重要事項でした。

フランスが国境を接している大国は東のドイツと西のスペイン、南のイタリアです。ただし、フランスとスペインの国境にはピレネー山脈があり、南側のイタリアとの国境にはアルプス山脈があります。

一方、ドイツとの国境は平地で、両国は国境線を巡って長年ぶつかり合ってきた歴史があります。大戦後のドイツは西ドイツと東ドイツに分かれ、それぞれがアメリカとソ連の強い影響下にありました。ところが、ソ連崩壊の流れの中で１９８９年にベルリンの壁崩壊が起こり、東西に分かれていたドイツが１つにまとまったのです。第二次世界大戦でナチス・ドイツと戦った周辺国は、強いドイツの影に怯えます。

そこで、ドイツが暴走しないよう抑え込むためにフランスが牽引役となって、ＥＵという新たな枠組みを作ったのです。

しかし、現在のＥＵを支えているのはドイツの産業であり、ユーロを発行するヨーロッパ中央銀行があるのもフランクフルト。失業率が高止まりし、景気も低迷したフランスはＥＵ内での影響力も低下しています。

マクロン新大統領が抱える見えないリスク

そんな状況で迎えたのが、２０１７年４月、５月のフランス大統領選挙でした。

国民の間には、経済問題、移民問題への解決策を打ち出せない既存の二大政党（共和党・社会党）への不満が広がりました。社会党のオランド大統領が再選を辞退し、保守陣営の共和党フィヨン党首は身内のスキャンダルで人気が急落。ＥＵ離脱と移民規制を訴える民族主義政党である国民戦線の女性党首マリーヌ・ルペンと、39歳の無党派エマニュエル・マクロン元経済相が決選投票でぶつかりました。メディアはルペンを「極右」と呼び、マクロンに肩入れしました。アメリカにおける反トランプ報道と同じです。

どちらの候補が勝っても、フランス現代政治史上初めての既成政党出身以外の大統領でしたが、中道のマクロンが反ルペンの統一候補として、右派、左派の候補に分散していた票を集め、勝利しました。

しかし、1回目の投票で、1位になったマクロン候補とルペン候補の得票率の差は、わずか3%でした。決選投票では66%対34%と大差がつきましたが、「フランス人が選挙で選んだ政府がフランスをコントロールすべき。ブリュッセルにいるEUの官僚たちの命令に従う必要はない」と主張し、脱EU、フラン復活、反移民政策を公約に掲げたルペンの主張はある程度、受け入れられたと考えられます。

今回、フランス人は、「なんだかよくわからないけど、若くて、何かしてくれそうな」マクロンを選びました。党派性を隠して「連帯」を訴えた若きマクロンの勝利は、オバマ当選の2008年米大統領選挙を思い出させるものです。

上院議員だったオバマに対し、金融業界から経済大臣に抜擢されたマクロン。民主党の公認候補だったオバマに対し、議会に支持政党を持たないマクロン。はっきりしていることは、マクロンが金融業界の意向で動くということです。

したがって、経済格差がますます拡大していくことが予想されます。これに対する貧困層の不満は、再び国民戦線に流れるでしょう。選挙結果を見て、「右派勢力の退潮が始まった」と報道したメディアもありますが、問題は先送りされただけだと言えます。

「これから」を読む視点４　国民の10％を占める移民の扱いに窮している

長らく移民を受け入れてきたフランスだが、２００５年にパリ郊外で起きた移民暴動事件以降、「移民により雇用が奪われ、治安が悪化し、福祉を食い物にされる」という懸念が拡大。反移民政策を掲げる右派勢力の追い風となっています。

「これから」を読む視点５　ドイツの台頭に悩まされる

ナチス・ドイツの占領下に置かれた歴史は生々しく、フランスはドイツの台頭を抑え込むため、ＥＵの牽引役となっていきました。ところが現在、ＥＵの経済を支えるのはドイツ。国際社会におけるフランスの影響力は低下しています。ルペンは、「そんなＥＵに参加する必要はない」と唱え、一定の支持を集めました。

「これから」を読む視点6 イギリスのEU離脱がねたましい

歴史的にフランスはイギリスを北の海の小国家と格下に見てきました。そのイギリスがEU離脱を表明し、フランスの国家理念である自由、平等を推し進めていたグローバリズムが後退。EUの盟主としてのフランスの地位も揺らいでいます。

第4章

日本人にはわからない大陸国家《ランドパワー》の行動原理〈ロシア編〉

大陸国家〈ランドパワー〉で独裁者が求められる地政学的理由は?
(杭州G 20 サミット時のプーチン大統領と習近平国家主席)

plavevski/Shutterstock.com

基本ポイント1　**ロシアの英雄1――ロシア史上初めて海洋に進出した皇帝ピョートル1世**

日本史でいうと江戸時代前半、元禄時代のロシアの皇帝で、強烈な独裁者でした。当時は北欧のスウェーデンが強国でしたが、これを北方戦争で打ち破り、バルト海沿岸を占領。完全な内陸国家であったロシア史上はじめて海への出口を確保し、バルチック艦隊を作りました。

基本ポイント2　**ロシアの英雄2――ヒトラーを破り、日本に勝利した英雄スターリン**

大粛清のイメージが強い独裁者スターリンですが、ロシアではヒトラーを相手に一歩も引かず、奮戦。これを破ったどころか東欧諸国に軍勢を進め、東ドイツを占領し、極東では日本から千島、樺太を奪い、日露戦争の恨みを晴らしたとして人気があります。

基本ポイント3　**ロシアの英雄3――外国資本を追い出した大統領プーチン**

ソ連崩壊後、エリツィンは米国流の弱肉強食市場経済を導入。国営企業は外国資本と通じる新興財閥（オリガルヒ）に奪われ、公務員はリストラ、年金が停止し、年金生活者が路頭に迷うなど、国内は大混乱に陥ります。プーチンは腐敗官僚の追放、新興財閥の国有化などを行い、ロシア人を熱狂させました。

基本ポイント４　対フランス――フランス資本でシベリア鉄道を作らせ、油田を開発

有名なシベリア鉄道の開発資金を出したのが、１８９４年に露仏同盟を結んだフランスです。帝政ロシアの狙いは工業化のための資本を得ること。フランスの狙いは資源に加え、対ドイツの封じ込めでした。結果的にこの同盟が第一次世界大戦へつながっていきます。

基本ポイント５　対イギリス――カスピ海油田開発を任せたが、富の不均衡から革命に

帝政ロシアの末期、フランス資本がシベリア鉄道、イギリス資本がカスピ海周辺の油田を開発。１９００年には世界の原油生産の半分を占め、リベートを得ていたロマノフ王朝は我が世の春を謳歌。しかし、貧富の差の拡大が民衆の不満爆発を招き、ロシア革命、ソ連誕生へとつながったのです。

基本ポイント６　対アメリカ――ソ連崩壊に乗じ、金融資本がロシアの資源を買い叩く

ソ連崩壊後、エリツィン大統領は外資の導入を推進。石油やガスといった基幹産業を含む多くの企業が、国際金融資本と手を組んだ新興財閥（オリガルヒ）の手に渡ります。ロシアは財政破綻し、ＩＭＦ（国際通貨基金）からの援助を受け入れたことで市場開放を強要されて、状況はさらに悪化。年金も保険も止まり、民衆の暮らしが傾く中、新興財閥を取り締まり、外国資本を追放し、基幹産業を取り戻したのがプーチンでした。

7 ロシア人はなぜ、プーチンに絶大な支持を寄せるのか？

安倍晋三首相とプーチン大統領との会談は20回近くに及びます。日露の首脳がこれほど親密だったことは、かつてありません。日露関係は前向きに変化し、北方領土問題の進展、エネルギー開発での協力など、今後も定期的に首脳会談が行われる方向で調整が進んでいるようです。

しかし、多くの日本人にとってプーチン大統領といえば、ウクライナの混乱に乗じてクリミアを併合し、西側諸国からの経済制裁に対して対決姿勢を明確に打ち出すなど、強面《こわもて》の独裁者というイメージがあります。

自国の権益を守り、拡大するためには強権を発動し、武力行使も辞さないやり方には欧米諸国も猛反発。G8（サミット）もロシアを締め出してG7となり、経済制裁を課してきました。

ところが、ロシア国内でのプーチン人気は盤石です。逆に西側諸国には好印象のゴルバチョフ書記長、エリツィン大統領は、ソビエト連邦を崩壊させ、ただただロシアを混乱させただけという評価を受けています。プーチンの人気は、ピョートル1世、スターリンと並び、ロシア人の好きな歴史上の人物3人に名を連ねるほどです。

ロシア人は歴史的に独裁者を好んできました。厳しい自然環境、外敵の侵入など、生き抜くのが難しい土地で暮らしているからこそ、諸外国に強い姿勢で臨み、強いリーダーシップで国を引っ張る指導者が好まれるのです。

この3人の共通点は外敵を退け、国の威信を守ったことです。

プーチンは、ソ連崩壊に乗じてロシアを食い物にしていた外国資本を追放し、彼らと結託していた新興財閥を次々と汚職容疑で逮捕。財閥トップを監獄に閉じ込めたところをテレビで放送するなど、国民の財産を守ったことをアピールし、人心を掌握しました。

ちなみに、ロシア人に最も人気のあるピョートル1世には、こんな逸話があります。

彼は、モスクワは海に出るのに不便だと思い、バルト海沿いに新しい都、現在のサンクトペテルブルクを作りました。ヨーロッパ式の街並みにしようと、ヨーロッパから職人を大勢招き、オランダのアムステルダムのような近代的な街に仕上げます。

そんなペテルブルグを自分の足で歩き、見て回るのを好んだピョートル1世は、ある冬の寒い朝、運河で船が沈みかかっているところに出くわします。冬のペテルブルクは気温がマイナス20〜30度ですが、彼は真っ先に運河に飛び込み、溺れている兵士たちを救い上げたそうです。

ところが、全身ずぶ濡れになってしまったピョートル1世は、その日から熱を出し、それが原因で亡くなります。辣腕《らつわん》を振るう指導者でありながら、人民思い。これがロシア人の好むリーダーの理想形の1つと言えるでしょう。

民主主義より独裁者が好まれるロシアならではの理由

強い指導者を好む傾向は、中国人、アラブ人など、ユーラシアの大陸国家に共通しています。アラブには「どんな無秩序よりも独裁のほうが良い」といった言葉があり、日本人にとって当たり前の〝民主主義はすばらしい、価値がある〟という考え方は、世界共通ではありません。

特にロシアの場合には、次の2つの理由から、強い指導者が好まれます。1つは政教一致。もう1つは外敵の存在です。

日本人には〝プーチンがクリスチャン〟という印象は薄いかもしれませんが、彼は大統領就任式など、重要な場には必ずロシア正教会の総主教を呼びます。それは国民に強さをアピールすることになるからです。

キリスト教には東西２つの教会があります。西のカトリック教会で一番偉いのはローマ法王（教皇）で、その下に各国の王様がいました。教皇権と王権が分かれている政教分離体制です。

一方、東の教会である正教会では、関係が逆になります。ロシア皇帝の下にロシア正教会があり、皇帝は神の代理人。つまり、皇帝への反逆＝神への反逆となります。

ちなみに、スターリンのやったことも、正反対のようで似ています。

ソビエト共産党はキリスト教自体を迷信であると断じ、神の名において統治する皇帝も認めませんでした。そこで教会も破壊し、皇帝一家も全員処刑します。これがロシア革命です。その後、ソビエト共産党がやったのはキリスト教に代わる看板を作り上げていくことでした。それがまさにマルクス・レーニン主義という共産主義の看板であり、唯一絶対の正しい真理の教えとして全国民が学ぶよう強制していきます。

つまり、ロシア正教会に代わり、マルクス・レーニン主義を国教にしたわけです。この擬似宗教の神官が、ソビエト共産党であり、神の代理人が共産党のトップでスターリンという構図になります。宗教を否定しながら、統治のために作った仕組みは同じで、個人の思想まで国家権力が支配していきました。

プーチンはソ連時代に破壊された教会の再建に尽力するなど、伝統的な政教一致のイメージを巧みに利用しているのです。

それを国民が受け入れるのは、もう1つの理由である外敵の存在と関係しています。

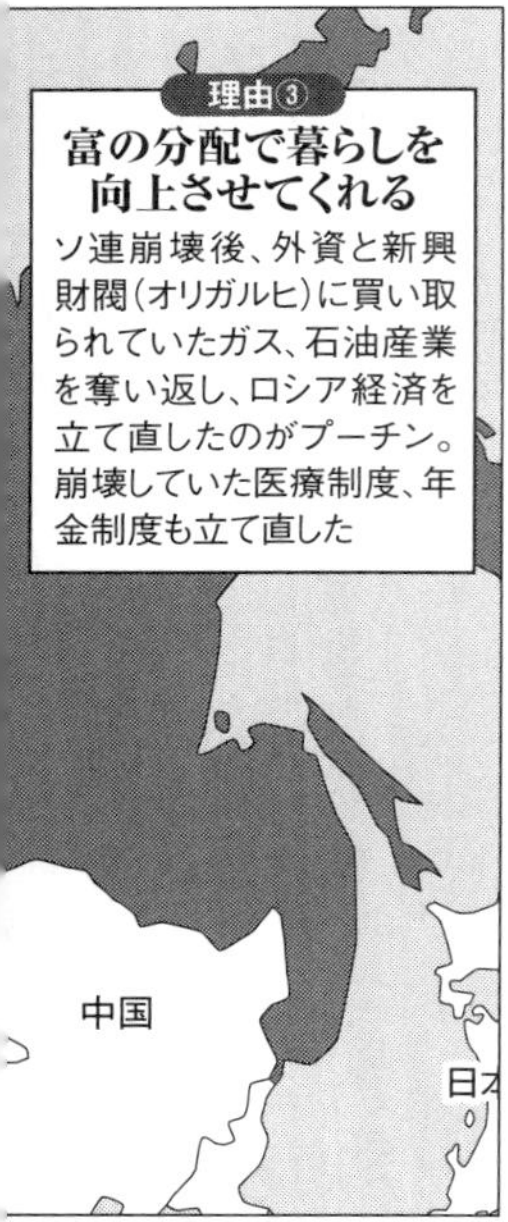
理由③
富の分配で暮らしを向上させてくれる
ソ連崩壊後、外資と新興財閥（オリガルヒ）に買い取られていたガス、石油産業を奪い返し、ロシア経済を立て直したのがプーチン。崩壊していた医療制度、年金制度も立て直した
中国

ロシア人の心に刻まれる暗黒時代の記憶

民主主義が育ち、定着する国の環境というのは似通っています。

自然の要害となる山に守られているか、海に囲まれた島であるか。民主主義が生まれた古代ギリシアは山が多く、大陸の遊牧民が攻め込むことのできない土地でし

（地図 11）ロシア国民がプーチンを支持し続ける3つの理由

た。近代民主主義の始まりであるイギリスは島国で、アメリカもまたユーラシア大陸から隔絶した巨大な島国です。

　一方、強い指導者を好むユーラシアの大陸国家には、国境を遮る山脈や森林がありません。陸続きの国土では、絶えず周辺国との攻めて、攻められての戦乱が繰り返されます。「資源」「土地」「通り道」を奪い合う混乱がどれだけ生活を破壊する恐ろしいものか。長い歴史の記憶が、民衆の心に根深く残っているのです。

　たとえば、ロシア帝国の前身で

あるキエフ公国は13世紀、モンゴル騎馬軍団に攻め滅ぼされ、以後、200年にわたってモンゴルの支配下に置かれました。ロシア史では、その2世紀を「タタールのくびき」と呼び、暗黒時代と位置づけています。

「タタール」とはモンゴル人のことで、「くびき」は「くびきにつなぐ」といった使い方をする言葉で「牛馬のようにこき使う」という意味です。

ロシアがこのくびきから逃れたのは、15世紀。イヴァン3世がロシア帝国を建国します。その際、モンゴル系遊牧民の戦法を学んだ強力な騎馬軍団コサックを編成し、ロシアは攻め込む側に立場を変え、躍進します。

そのロシアがイギリスのように強大な艦隊を保有して、海上の覇権も握りたいという欲望を持ったのは18世紀前半、ピョートル1世の時代です。ピョートル1世は北方戦争でスウェーデンを破ったバルチック艦隊を建設します。続く女帝エカチェリーナ2世はオスマン帝国を破って黒海艦隊を建設しました。

バルト海への出口（通り道）となる地域は、現在のバルト三国、リトアニア、ラトビア、エストニアのあるあたりです。ロシアは北方戦争でこの地域を押さえ、次に黒海へ出るため、現在のウクライナを取りました。

（地図12）ロシアがバルト三国とウクライナにこだわる理由

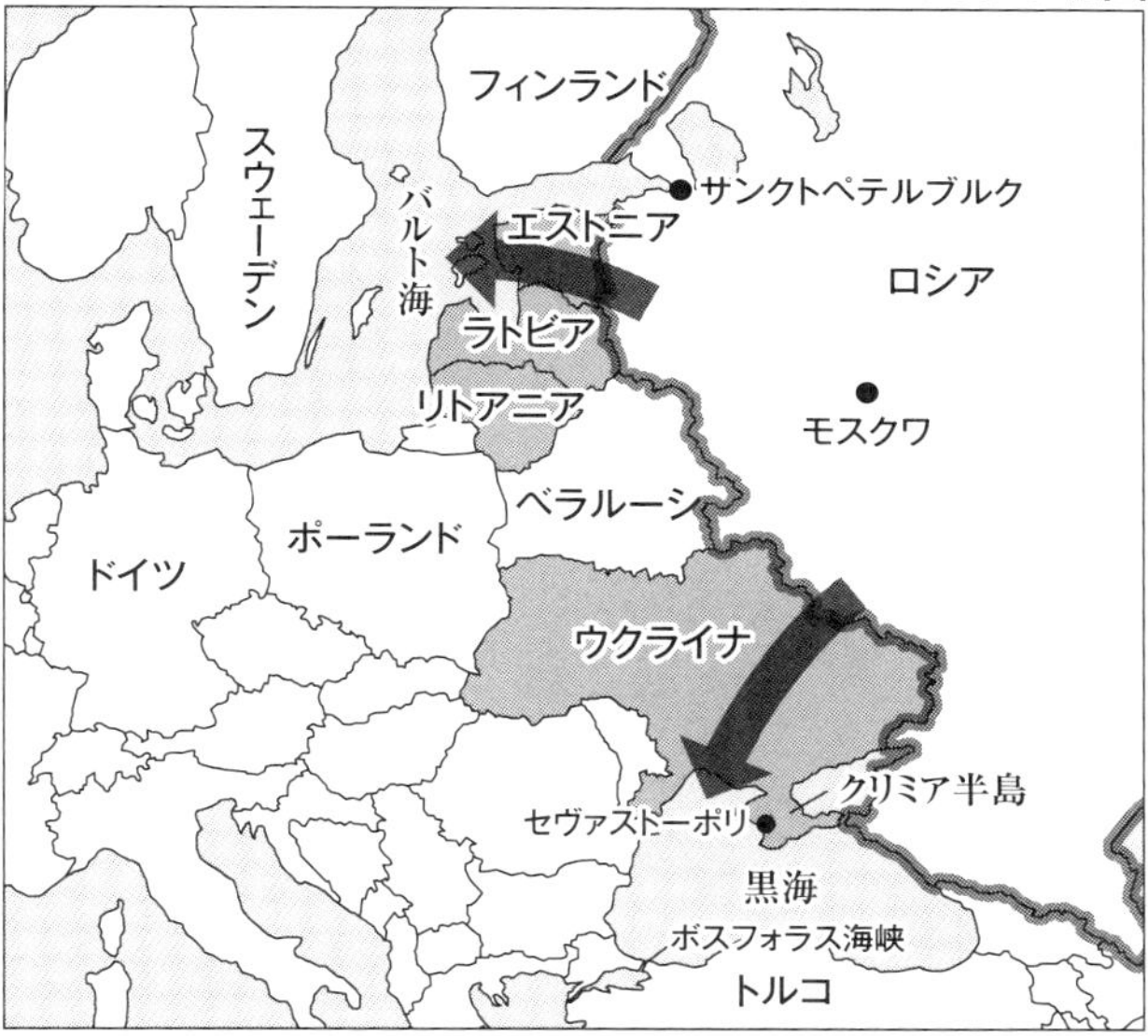

海洋進出を目論むロシアと、それを封じ込めたい西側諸国との間で、歴史上、駆け引きの舞台となってきた地域。それはいまも続いている

その先にあるのはボスフォラス海峡の向こう、地中海です。ロシアという国にとって、冬も凍らない海に出ること、気候の温暖な穀倉地帯のある南へ進出することは、いつの時代もロシアの為政者にとって悲願でした。あらゆる人間の集団は、より良い環境を求めていくのです。

宿願の南下政策と、それを阻止したいイギリスとの対立の歴史

こうして18世紀末から軍事大国化したロシア帝国は、南方への領土拡張を目指す「南下政策」を推し進め、19世紀には黒海から日本海にいたる大帝国となり、その版図と独裁体制はチンギス・ハーンの築いたモンゴル帝国を継承するかのようでした。

一方、第3章のイギリス編の「グレート・ゲーム」のところで紹介しましたが、イギリスはロシアが地中海に進出することを恐れ、封じ込めに動きます。歴史上、その駆け引きの舞台となってきたのが、バルト三国とウクライナです。

たとえば、黒海沿岸の覇権をかけてロシアとオスマントルコがぶつかったクリミア戦争では、ロシアと戦うオスマン帝国を支援。この戦争でロシアは現在のウクライナ西部、ドナウ河沿岸地域の権益を失います。

さらに第一次世界大戦の後、ロシア革命によって帝政ロシアは崩壊。その混乱に乗じて、バルト三国とウクライナが独立します。これをバックアップしたのもイギリスやフランスでした。

その後、ソビエト連邦を建国したレーニンとスターリンは、第二次世界大戦でヨーロッパ各国が疲弊した隙に巻き返しを図ります。ウクライナとバルト三国を取り返し、併合するのです。

前述したように、バルト三国はバルト海への出口であり、ウクライナは黒海への出口です。特にウクライナの南にあるクリミア半島には、帝政ロシア時代から黒海艦隊の基地であるセヴァストーポリという軍港があります。

クリミア半島を押さえれば、黒海への出口を確保することができ、黒海への出口を持つことはボスフォラス海峡から地中海に向かう「南下政策」実現への足がかりとなります。

また、ウクライナでは鉄鉱石が採れることに加え、恵まれた穀倉地帯があり、食糧自給ができないロシアにとって、欠かせない食糧倉庫の役割も担っています。

ロシアからすると、ウクライナには資源、食糧、軍港という３つの手放したくない理由があるのです。

ウクライナを巡るアメリカとのつばぜり合いの行方は

ところが、ソ連崩壊の混乱に乗じて、再びバルト三国とウクライナが独立します。ロシア封じ込めの主体はイギリス、フランスからアメリカに代わり、バルト三国をＮＡＴＯ（北大西洋条約機構）に組み入れ、ウクライナも引き込もうとしました。

もし、ウクライナがＮＡＴＯに加盟し、クリミアに米軍基地ができるようなことになると、ロシアの宿願である南下政策の実現が大きく後退することになります。こうした背景を踏まえると、どうしてプーチン大統領が強引な手法でクリミア併合を行ったかが見えてくるのではないでしょうか。

ウクライナ国内には、もともとは同じ民族で石油、天然ガスと資源も豊富なロシアと組もうとする親ロシア派と、アメリカの力に頼ってロシアから離れようとする親欧米派がいます。その勢力は拮抗していますが、帝政ロシア時代からロシア人が入植してきた東ウクライナとクリミア半島に限ると、圧倒的に親ロシア派が優勢です。

そこで、プーチンはウクライナ全体を取り込むのではなく、軍港のあるクリミア半島だけは確実に押さえようと、クリミアで住民投票が行われるよう誘導しました。

「みなさん、このままウクライナのままでいいですか？　それともウクライナから独立してロシアに入りますか？」と。結果は、親ロシア派の圧勝です。こうしてプーチンのロシアは、住民から「独立し、ロシアに併合されたい」と要請があったという形を取り、クリミアを併合したのです。

当然、アメリカは激怒し、米露関係は極度に悪化、ロシアへの経済制裁も行われています。しかし、ロシア国内でのプーチンへの支持率は上昇しました。なぜなら、国民はソ連崩壊時のどさくさで手放した失地を回復し、国の威信を高めたと評価したからです。

「これから」を読む視点1　他国に侵略されるのは絶対にイヤだ

ロシア人が支持する指導者の共通点は、外敵を退け、国の威信を守った独裁者タイプ。大陸国家では民主主義的な正義よりも、チンギス・ハーンのような強いリーダーが求められる傾向が。こういう国民性は、そう簡単には変わりません。

「これから」を読む視点2 プーチンはロシア正教会の保護者だから絶対だ

皇帝が聖職者を任命するギリシア正教会を受け入れたロシアでは、国家が教会の上にある政教一致体制が継承されました。このため強いリーダーが独裁者となりやすい環境が整っています。

「これから」を読む視点3 かつてのロシア帝国の版図《はんと》回復を狙っている

クリミアの併合をはじめ、プーチンがウクライナやポーランド、バルト三国など、東欧への野心を隠さず、国民も支持しているのは、かつての帝国の版図を取り戻そうとしているため。

8 日本に接近するプーチン。その真の狙いは？

最初に1つ質問があります。あなたはロシア製の製品を何かお持ちでしょうか？

お土産の定番はウオッカ、キャビア、入れ子人形のマトリョーシカ。正直いって、自動車、時計、バッグなど、高い技術力やデザイン性で人を惹きつける製品はありません。

それでも彼らが大国の地位を維持してきたのは、広大で寒冷な土地に眠る天然資源のおかげです。ロシアの主な輸出品は昔から石油、天然ガスでした。しかし、資源はあるものの、それを加工する技術がないのがロシアの弱みです。

そして、ロシアの近代史は、石油、天然ガスの利権を巡る争いの歴史でもあります。広大な土地に眠る資源の権利を誰が握るのか。ロシアで大きな政変が起きるとき、その背後には必ず、外国資本を巻き込んだ石油、天然ガスが生み出す富の奪い合いがありました。

北方領土問題という火種をあえて残した?

資源によって経済を支えているロシアは、明治維新を迎えた日本にとって、一番の仮想敵国でした。

北海道と樺太の西側の大陸沿岸、日本海の沿岸部分である沿海州の南にウラジオストクがあります。清朝の末期、2度のアヘン戦争で清が敗れ、イギリス、フランスが北京を占領するドタバタの中、ロシアは清朝から沿海州を奪いました。

この動きもまたロシアの悲願である「南下政策」の一環でした。ヨーロッパ方面ではクリミア半島を併合して黒海を押さえたように、東アジアでは寒すぎるシベリアから出るために凍らない海への出口を確保したのです。

こうして日本海を挟んで日本の隣の国となったロシアとの関係は、常に日露英、日露米、日露中といった3国間のバランスによって変化していきます。

たとえば、ロシアがウラジオストクに軍港を造った頃、日本は明治維新の直前でした。これ以上のロシアの南下を止めたいという点で一致したイギリスと日英同盟を結び、軍備を増強。その結果、日露戦争の日本海海戦で奇跡的な勝利を収め、ロシアの封じ込めに成功したのです。

その後、日本は朝鮮半島、満州に進出。沿海州と地続きの場所に日本軍が入ったことで、ソ連との緊張は一気に高まります。しかし、ヨーロッパではナチス・ドイツが不可侵条約を破り、攻め込んでくる可能性がありました。

そこでスターリンは１９４１年日ソ中立条約を結びます。東西両面から攻められる二正面作戦だけは避けるという綱渡りの外交です。こうして独ソ戦争に勝利し、第二次世界大戦の終盤、日米戦争で日本が急速に力を失う中で、ソ連は長崎への原爆投下の日に日ソ中立条約を破って満州に侵攻。千島列島すべてと南樺太を占領しました。

ソ連は樺太にある石油や天然ガスを手にし、千島列島を押さえることで太平洋への通り道を確保したわけです。これが今に至る北方領土問題の始まりですが、実はソ連が日ソ中立条約を破る前、アメリカは１９４５年２月のヤルタ会談でソ連が日本に攻め込むことを認めています。

戦後、アメリカはソ連を封じ込めるため、日本を同盟国としましたが、あえて北方領土問題という火種を残すことで日露が接近しないよう布石を打ったともいえるのです。

日露関係に大きな影響を与える中露関係

2014年のクリミア併合後、ウクライナ紛争を理由に欧米各国はロシアへの経済制裁を続けています。

それを主導するアメリカは、産油国として損失を出しながらも国際的な原油価格の下落を静観しています。その狙いはプーチン政権の弱体化にあります。というのも、ロシア経済は原油、天然ガスなどの資源に大きく依存し、原油安はそのまま経済力の低下につながるからです。

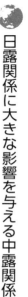

プーチン大統領は、ソ連崩壊の混乱期に国際金融資本と手を組んだ新興財閥（オリガルヒ）が私物化した基幹産業を取り戻し、油田や天然ガス田を国営化しました。中国の経済成長による原油価格の高騰に助けられ、ロシア経済を立て直し、国民の医療、年金制度を守り、暮らしを上向かせたことで現在の支持基盤を作ってきたのです。

しかし、製造業は国営企業主体で弱体のままです。プーチンは資源が生み出す富を国有化によって国民に分配することで驚異的な支持率を維持してきました。しかし、原油安によって通貨ルーブルも下落し、経済的に追い詰められた状況にあることは間違いありません。

その打開策として、目をつけたのが日本です。

欧米ほど外交上の問題が複雑ではなく、高い技術力と資金力を持ち、エネルギーを輸入に依存する日本。シベリアのガス田の開発に向けて、ロシアは北方領土の返還をちらつかせながら、企業の誘致に力を入れています。

事実、プーチン大統領は２０１６年５月のソチでの日露首脳会談に続き、同年12月にも安倍晋三首相の郷里・山口県にて首脳会談を行うなど、２０１３年以降19回もの会談を重ねています。日露首脳会談では、北方領土における共同経済活動やシベリアの開発への投資など、経済活動での協力に向けた話し合いが行われ、安倍政権下で日露関係は発展していると言えるでしょう。

しかし、日露間だけのやりとりで物事が一気に進展することはありません。なぜなら、ロシアにとって一番長く国境を接している隣人は中国だからです。

欧米からの経済制裁に苦しむロシアは、石油、天然ガスの輸出先として中国との関係を深めてきました。

ところが、シベリアのロシア人の減少と、中国からの不法移民の流入が、将来的にロシアのシベリア支配を脅かす恐れが出ています。バイカル湖以東の広大な東シベリアの土地に住むロシア人の数は650万人ほど。日本でいえば、千葉県の人口程度です。一方、国境の南の旧満州には1億人の中国人が住んでいます。

すでに不法な越境は常態化しており、出稼ぎに来た中国人の街がたくさんできています。この傾向は、中国が一人っ子政策をやめたことで加速するはずです。これに脅威を感じているプーチンは、不法移民の取り締まりを強烈に行い、中国に抗議しています。

一方、中国には清朝末期に奪われた沿海州を取り戻したいという本音があります。2008年にロシアが譲歩する形で中ソ国境を確定し、表向きはアメリカに対抗するために協調を演じている露中ですが、実際には隣国同士の縄張り争いにおいて、大きな火種を抱えているのです。

地球温暖化は日露関係にとってはメリット?

その点、日本企業をいくら誘致しても、日本人が移民となりロシアを脅かすことはあ

（地図13）日中関係の悪化はロシアには好材料？

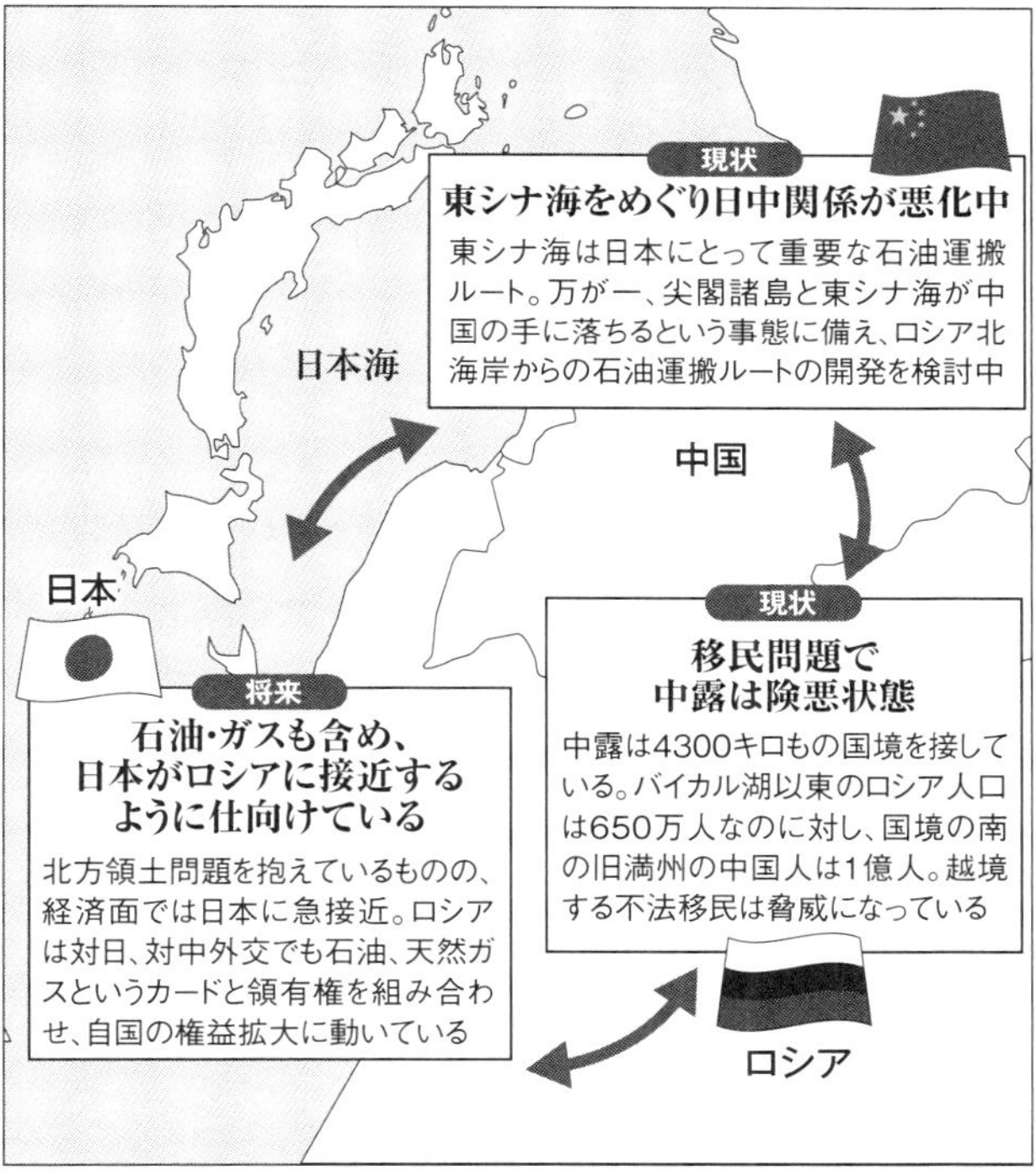

欧米からの経済制裁を受けるロシアにとって、日本と中国はより重要な存在に。シベリア開発のため、ロシアは日本の技術力を狙っている

りません。日本にとってもシベリアのガス田開発が成功すれば、パイプラインを引き、天然ガスを輸入するルートを作ることができます。これが実現すれば中国海軍が活動する南シナ海を経由する中東産天然ガスに頼らずにすみ、将来のエネルギーの安定供給に向け、十分なメリットのある選択となります。

また、地球温暖化に

よって北極海の氷が年々減少していることが、ロシアにとってはプラスに働いています。温暖化による海水面の上昇は、臨海都市の洪水の危険を高める深刻な問題ですが、ロシアにとっては北極海航路の開通という幸運をもたらしました。

シベリアの北岸は長く氷に閉ざされていましたが、現在は1年を通じて航行できるようになっています。

従来、日本とヨーロッパを結ぶ航路は南シナ海、インド洋、紅海、スエズ運河を通る地中海航路が主でした。

ところが、南シナ海には中国海軍が進出、マラッカ海峡を脅かし、紅海の入り口であるソマリアは治安が崩壊して沿岸には海賊が出没。スエズ運河を管理するエジプトでも政情不安が続いています。

加えて、尖閣諸島の領有権問題を始め、日中関係は悪化。東シナ海は日本にとって重要な石油運搬ルートですが、尖閣諸島が中国の手に落ちれば、日本のタンカーが拿捕《だほ》される事態も起こりえます。

資源輸入国である日本にとって、従来の航路には不安材料が多いのです。

これに対して、北極海航路の沿岸にある国は、ノルウェー、ロシア、日本だけです。日露関係が良好になれば、航海の自由を脅かす存在はありません。

また、温暖化はシベリアの凍土を溶かし、地下資源開発も後押しします。開発したガス田から北極海へパイプラインを通し、タンカーで日本に運べばコストも安く、中国の妨害も避けることができます。

こうした設備の開発は、日本の技術、資金協力で可能になります。欧米から経済制裁を受けるロシアにとって日本は重要な存在となっているのです。

特にシベリアの開発のため、ロシアは日本の技術力、資金力を必要としています。プーチン大統領は北方領土問題を切り札に使い、日露間の交渉を有利に進めようとするでしょう。それに対して日本がどれだけ主体的な外交努力を行うことができるか。両国にとって領土問題の解決が実利を生むとわかれば、北方領土問題に解決の目処《めど》がつく日がやってくるはずです。

「これから」を読む視点４　ロシアの現代は石油なくして語れない

広大な領土に石油、天然ガスなど豊富な天然資源が眠るロシア。天然ガスの埋蔵量は世界１位で、北極圏にはいまだに未開発の油田、ガス田が眠っています。

「これから」を読む視点5　大切な石油を外資に奪われては、取り返してきた

ロシアは資金不足と技術力のなさが災いし、油田やガス田の開発を外国資本に頼っては権益を奪われ、国力を低下させてきました。一部の権力者と外国資本が富を独占し、国民が疲弊。不満が高まったところで強いリーダーが権益を奪い返すことの繰り返し。イギリスによってカスピ海油田が開発された20世紀初頭以来、ロシアの歴史は資源の権益の奪い合いとともに推移してきました。

「これから」を読む視点6　資源開発の次のパートナーに、日本が選ばれた

温暖化で凍土が溶け、開発しやすくなったシベリアのガス田。プーチン大統領は、虎視眈々と権益を狙う中国よりも組みやすい相手と考え、北方領土問題の解決を切り札に日本へ接近。日本の技術力、資金力を使って新たな資源開発とシベリアの近代化を進めようとしています。

第5章

新・米露関係で大きく変わるパワーバランス〈中東編〉

IS〈イスラム国〉の弱体化で中東情勢はどう変わるのか?
(イスラム国が占領したシリアのコバチを空爆する連合軍)
Orlok/Shutterstock.com

基本ポイント１　**１９１６年、英仏による中東分割「サイクス・ピコ協定」**

中東を安定させていたオスマン帝国は第一次世界大戦でドイツ側につき、英仏ロシアの連合軍と戦った結果、敗北します。英仏は現地の民族、宗教を無視して領土を分割する密約「サイクス・ピコ協定」を結び、中東の国境線は住民を無視した不自然な直線となり、紛争の火種を抱えることになりました。

基本ポイント２　**１９５６年、スエズ戦争を境に米ソが中東に介入**

エジプトを傀儡《かいらい》化し、スエズ運河を支配してきた英仏は第二次世界大戦によって疲弊します。これに対してエジプトのナセル大佐は蜂起。ソ連の支援を受けてスエズ運河を国有化、スエズ戦争で英仏軍を撤退させます。ここから米ソが中東に介入するようになり、英仏の影響力は低下していきます。

基本ポイント３　**冷戦時代、親ロシア政権の衛星国家が拡大**

黒海からボスフォラス海峡を経由して地中海に進出したいソ連（ロシア）は、反米、アラブ民族主義を煽り、中東にリビア、チュニジア、エジプト、シリアなどの親ソ政権を打ち立てていきます。

一方、アメリカもサウジアラビア、イラク、トルコを親米国家とし、ソ連に対抗。中東は米ソの代理戦争の場となっていきます。

基本ポイント4　2010年末からの「アラブの春」を経て、シリアを巡って米露が対立

ソ連崩壊によって親ソ独裁政権の力が弱まり、アメリカの支援を受けた「アラブの春」が起き、親ソ独裁政権の崩壊が続きます。プーチンの出現で力を取り戻したロシアは、最後の砦としてシリアのアサド政権を支えています。

基本ポイント5　イランとアラブ諸国とでは、民族が違う

日本人はイランもサウジアラビアもリビアも中東としてひと括りにしてしまいがちですが、ペルシア語圏のイラン人は、アラビア語圏のアラブ人とは別の民族。ペルシア帝国の伝統を引き継いでいます。

基本ポイント6　イラン人は同じイスラム教徒でも、宗派が違う

日本人が持つ、「中東＝イスラム教」というイメージは外れていませんが、イラン人のほとんどはシーア派。その背景にはアラブ人にペルシア帝国を滅ぼされ、自分たちの伝統を失った過去があります。イスラム教のうちスンナ派とシーア派の割合は9対1。少数派のシーア派がイランで布教したため、今もシーア派のほとんどがイランとその周辺地域に広がっています。

基本ポイント7　親米国の多い中東で、イランはアメリカへのスタンスが違う

イラン革命後、イランはシーア派の宗教指導者であるホメイニ政権に。ホメイニ師は、石油を国有化、外国資本を追放し、英米と対立。親米国の多い中東で異質な存在に。また、選挙制度も改革し、王家や軍部による独裁国家が通常の中東にあって、イランは大統領、国会議員を選挙で選ぶ民主体制となりました。ただし、最高指導者はイスラム法学者から選ばれます。

9 アメリカの政策転換で、大きく変わる中東情勢

中東・アフリカ７カ国からの渡航者の入国禁止、メキシコ国境の壁の建設、ＴＰＰからの離脱……と矢継ぎ早に大統領令に署名してきたトランプ大統領。

「このままいくと、アメリカはどうなってしまうのか？」と国内外にさまざまな混乱を引き起こしています。その影響は、中東情勢にも及んでいます。

世界史を通して中東を見ると、そこが欧米とロシア（ソ連）の代理戦争の場であることがわかります。

オスマン帝国の解体から始まったサバイバル・ゲーム

事の発端は20世紀初頭、英仏を中心とした戦勝国によるオスマン帝国の解体です。

それまで中東はオスマン帝国によって４００年以上ゆるやかに統治されていました。

(地図13)現在の中東

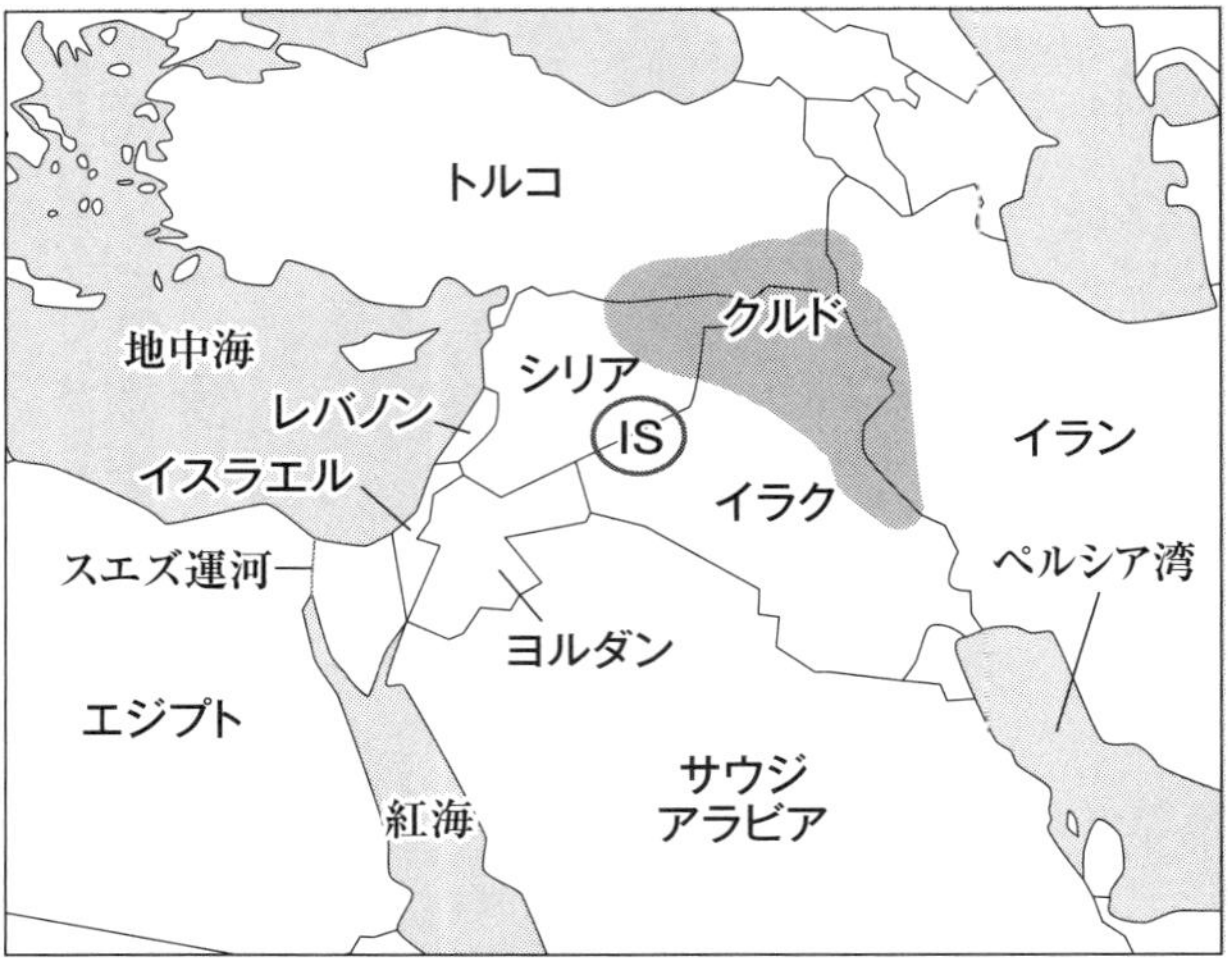

トルコ人のスルタン（皇帝）はイスラム教スンナ派を国教としながらも、アラブ人にもキリスト教徒にも寛容で、多宗教、多民族の自治を保障していたのです。この帝国が第一次世界大戦で崩壊し、英仏によるサイクス・ピコ協定以降、アラブは分断されました。

このとき引かれたのが、シリアとイラクの国境線です。イスラム教スンナ派の人口の多いアラブ人居住区の真ん中に線を引き、北側をフランス勢力圏のシリア、南側をイギリス勢力圏のイラクに。その背景には、19世紀にイギリスがインドを植民地化し、フランスがベトナムを保護国化したことがありました。

英仏両国の製品がアジアへ流入していった19世紀、航路はアフリカ最南端の喜望峰をぐるりと回り、インド洋に入っていました。インドまでの移動距離は1万6000キロ。地球半周する距離です。

これを短縮できないだろうかと考えた両国は、地中海から紅海経由でインド洋に出る「通り道」を描きます。実現すれば、移動距離は1万キロ。3分の2に短縮です。障害となるのは紅海を分断するスエズ地峡でしたが、フランスはエジプトの独立運動を支援してオスマン帝国からの切り離しに成功。フランスとエジプトの共同出資でスエズ運河を建設します。

その後、エジプト政府が財政危機に陥ると、イギリスがエジプト所有の運河会社の株式を買収。以降、スエズ運河は英仏の共同経営となっただけでなく、両国はエジプト政府に多額の借款を与え、見返りに徴税権を獲得するなどして事実上の植民地にしてしまいます。

しかし、スエズ運河の輸送量には限りがありました。そこで英仏が目をつけたのが、ペルシア湾ルートです。新たに地中海東岸からペルシア湾へ抜けるルートを開き、鉄道で結ぶ「通り道」を作ろうと考えたのです。

それがまさにサイクス・ピコ協定で両国が支配下としたイラクとシリアでした。

中東に次々と親ソ政権が生まれた背景

「アラブの春」以降、最も激しい内戦が続いているシリアは、元々オスマン帝国の一地域でした。建国はサイクス・ピコ協定後の1920年です。

フランスの勢力圏とされたシリアは、内陸部にイスラム教多数派のスンナ派アラブ人が、地中海沿岸にはイスラム教少数派のシーア派の分派であるアラウィー派やキリスト教徒のアラブ人が暮らしていました。

人口ではスンナ派アラブ人が多数派でしたが、支配者層はシーア派の分派であるアラウィー派です。これは英仏が得意とした植民地支配の手法に関係しています。アサド家（アラウィー派）はフランスの統治に協力することで権力の座についたのです。フランスは少数派である彼らを優遇して、多数派を押さえつける分割統治を行いました。

しかも、アサド家は第二次世界大戦後にフランスの中東への影響力が低くなったと見るや、ソ連に接近。武器の援助を受けながら社会主義国になります。ナチスドイツに勝利して東ヨーロッパに勢力を拡大したソ連は、これまで英仏が支配してきた中東への勢力拡大

（図3）中東の紛争は、欧米とロシアの代理戦争の歴史だった！

時期	出来事	対立		解説
1916年 中東分割	サイクス・ピコ協定	ドイツ／オスマン帝国	VS 英・仏・ロシア／アラブ	中東を安定させていたオスマン帝国が第一次世界大戦で敗れ、英仏は現地の民族、宗教を無視して領土を分割。住民を無視した国境線が引かれ、中東は常に紛争の火種を抱えることに
1956年 米ソの介入	スエズ戦争	英・仏／イスラエル	VS ソ連／エジプト	エジプトを傀儡化し、スエズ運河を支配する英仏に対し、エジプトのナセル大佐は蜂起。ソ連の支援を受けてスエズ運河を国有化。英仏の影響力低下に代わり、米ソが介入する
1960年代 親露政権	親ロシア政権の拡大	アメリカ／サウジアラビア・イラク・トルコ	VS ソ連／リビア・チュニジア・エジプト・シリア	黒海からボスフォラス海峡を経由して地中海に進出したいソ連。このため、アラブ民族主義を煽り、中東に親ソ政権を打ち立てていく。アメリカも親米国家を作り、それに対抗
21世紀 米の反撃	アラブの春	アメリカ／反アサド勢力（ISを含む）	VS ロシア／アサド政権	ソ連崩壊によって親ソ独裁政権の力が弱まり、アメリカの支援を受けたアラブの春が起き、親露政権崩壊が続く。プーチンのロシアは、最後の砦としてシリアのアサド政権を支える

を目指します。フルシチョフ首相は、アジア・アフリカの独立運動への連帯を訴え、カストロのキューバ革命やナセルのエジプト革命に対する経済、軍事援助を始めたのです。

　ソ連の後押しを受けたナセルは、英仏が管理していたスエズ運河の国有化を宣言。1956年にはスエズ戦争が勃発し、英仏が支援するイスラエルとソ連が後押しするエジプトのナセル政権がぶつかり、エジプトは事実上の勝利を収めます。

スエズ戦争の結果を受けて、アラブ民族主義が高まり、チュニジアのベン・アリ、パレスチナのアラファト、イラクのサダム・フセイン、リビアのカダフィらが、反欧米、アラブ統一、反イスラエル、外資の国有化、社会主義を掲げて親ソ政権を樹立しました。

ソ連はなぜ、中東にまで飛び地を求めたのでしょうか。それは帝政ロシア時代からの悲願である「南下政策」のためです。

これは黒海からトルコのボスフォラス海峡を経由し、地中海に進出するというものです。英仏はロシアの脅威を防ごうとし、覇権を引き継いだアメリカも中東における石油利権と合わせて、ソ連（ロシア）の南下を妨げてきました。

つまり、この東西陣営の綱引きと、宗派、民族を無視したアラブ分割が、今日まで続く混迷の中東情勢を作り出してきたといえるのです。

ＩＳ掃討によって生じる、ロシアの中東支配という皮肉

現在シリアで続いている内戦は、まさに米露対立の縮図です。

２０１０年、チュニジアでベン・アリ政権の汚職に抗議する学生の焼身自殺事件が起きると、その映像がインターネット、ＳＮＳを通じて瞬く間に拡散。発生した大規模なデモを鎮圧することを軍は拒否し、ベン・アリ政権を崩壊させました。

このジャスミン革命の後、エジプトでも軍が離反したため、ムバラク政権が崩壊。リビアでは軍が分裂して内戦が勃発し、カダフィは反政府軍に捕らえられて処刑されます。

西側のメディアは一連の動きを「アラブの春」と呼び、民主化の波が広がることを期待しました。ところが、それまで抑え込まれてきたイスラム過激派の台頭で紛争が多発し、中東はますます政情が不安定な地域となっていったのです。

一方、「アラブの春」で飛び地を次々と失ったロシアのプーチン大統領は、アサド政権を全力で支えています。欧米各国はアサドの独裁と人権抑圧を非難し、反アサド派を支持。無法なテロ活動を続けるＩＳ（イスラム国）に関しては、反アサド勢力であるため、オバマ政権もその活動に目をつむってきました。

このように米露両陣営が牽制しあうことで、シリア内戦は長期化していったのです。

しかし、トランプ大統領は明確にＩＳ壊滅を打ち出す一方、国内のシェールガス開発を規制する法律の撤廃も表明しています。これはアメリカが中東での石油利権への関与を弱め、結果的にＩＳに爆撃を加えているロシアを後押しする形となります。

また、トルコのエルドアン政権は、親米から親露路線へと大きく舵を切っています。トルコは欧州統合が進む過程で、ＥＵ加盟をずっと求めてきました。ところが、ＥＵ側はトルコの加盟を拒絶。トルコ国内の人権状況などを口実にしていますが、背景には「いくら近代化しても、トルコはヨーロッパではない」という差別意識が見え隠れしています。

西欧化しても西欧社会から拒まれることのつらさ、欧米型の自由主義経済がもたらした貧富の格差などによって、１９９０年代からトルコ人の間には、伝統回帰、イスラム復興の風潮が広がっていきました。

イスラム神学校に学んだエルドアン大統領は、イスラム色の強い公正発展党を率いて11年以上、首相職に就き、２０１４年には初の直接選挙で大統領に選ばれた人物です。任期は5年で再選可能ですから、長期政権になる可能性もあります。

サイクス・ピコ協定以来の西欧による中東支配は失敗に終わり、トランプ政権の誕生によって中東のパワーバランスが崩れ、地政学的に重要な位置にあるトルコが親露路線となった今、ロシアの宿願である南下政策がついに遂行される可能性が出てきました。

しかし、ロシアによる中東支配という新たな情勢が生まれれば、反ロシア軍事同盟であ

（地図14）アメリカが手を引くと、ロシアが中東へ出てくる！

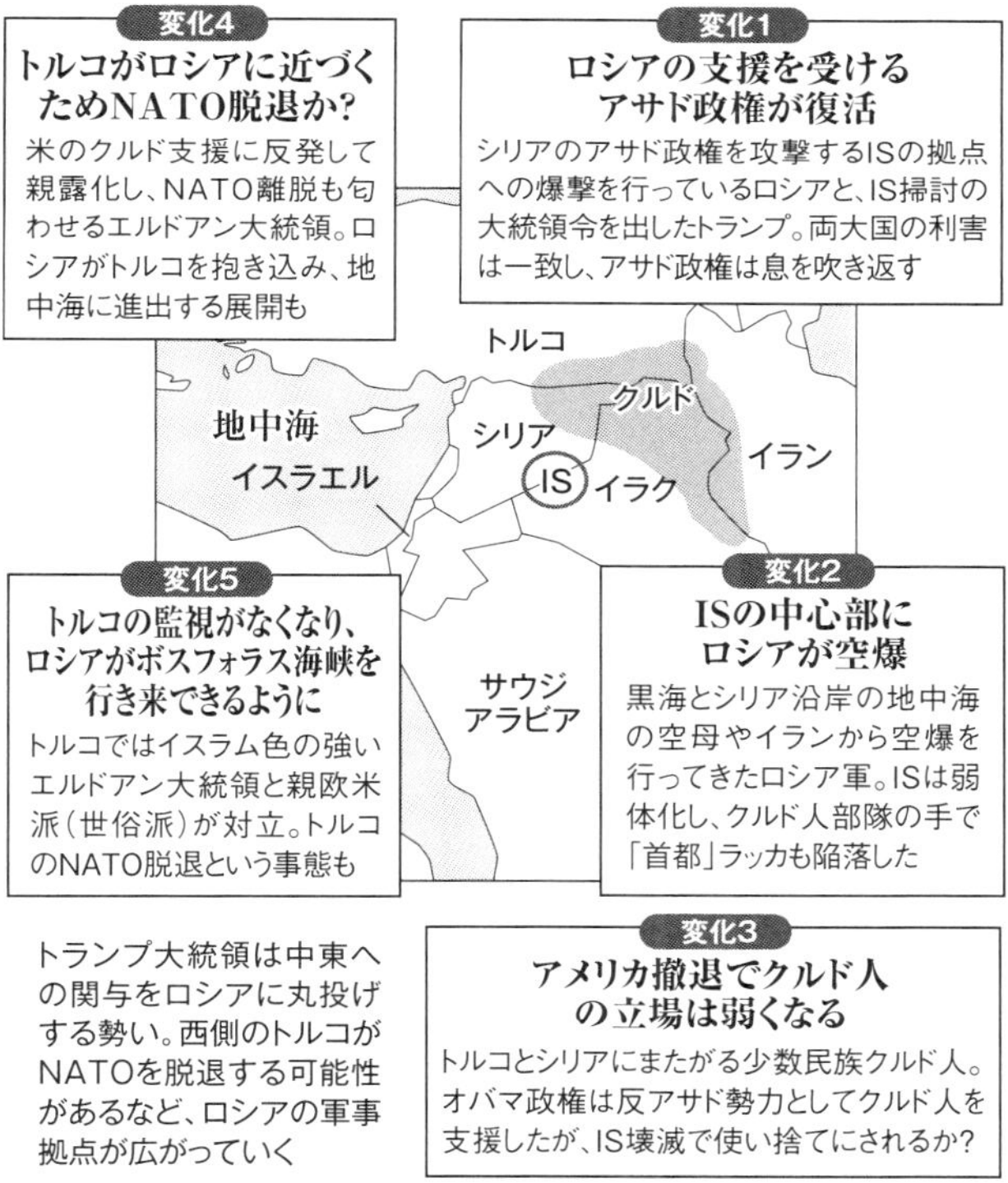
変化4
トルコがロシアに近づくためNATO脱退か？
米のクルド支援に反発して親露化し、NATO離脱も匂わせるエルドアン大統領。ロシアがトルコを抱き込み、地中海に進出する展開も
変化1
ロシアの支援を受けるアサド政権が復活
シリアのアサド政権を攻撃するISの拠点への爆撃を行っているロシアと、IS掃討の大統領令を出したトランプ。両大国の利害は一致し、アサド政権は息を吹き返す
トルコ
クルド
地中海
シリア
イラン
IS
イラク
イスラエル
変化5
トルコの監視がなくなり、ロシアがボスフォラス海峡を行き来できるように
トルコではイスラム色の強いエルドアン大統領と親欧米派（世俗派）が対立。トルコのNATO脱退という事態も
変化2
ISの中心部にロシアが空爆
黒海とシリア沿岸の地中海の空母やイランから空爆を行ってきたロシア軍。ISは弱体化し、クルド人部隊の手で「首都」ラッカも陥落した
サウジアラビア
トランプ大統領は中東への関与をロシアに丸投げする勢い。西側のトルコがNATOを脱退する可能性があるなど、ロシアの軍事拠点が広がっていく
変化3
アメリカ撤退でクルド人の立場は弱くなる
トルコとシリアにまたがる少数民族クルド人。オバマ政権は反アサド勢力としてクルド人を支援したが、IS壊滅で使い捨てにされるか？

るNATOの存在意義が失われます。NATO諸国が手をこまねいてこれを見ているとは思えません。米国内でも共和党主流派＝反ロシア派が巻き返し、トランプ外交を揺さぶることになるでしょう。

かつて米露は日独という共通の敵を打倒したあと、東アジアと欧州で東西冷戦を始めました。いま、イスラム過激派（IS）という

共通の敵を打倒したあと、中東で再び対峙《たいじ》することになるのです。

「これから」を読む視点1 欧米は中東を見はなし、影響力が低下

スエズ戦争で疲弊して国力も低下した英仏は、中東から退場。最近では、シェールオイルなど次世代のエネルギー開発が進み、中東の資源の重要性が下がり、アメリカのパワーも低下。アメリカ陣営だったトルコがロシアに近づくなど、ロシアのやりたい放題の場に!?

「これから」を読む視点2 中東でのロシアの勢力拡大の野望を許すことに

ソ連崩壊で中東への影響力を失ったロシアだったが、プーチン大統領が権力を掌握したことで南下政策を再開。さらにトランプ大統領の親露路線に乗じて、勢いが増している。

「これから」を読む視点3 1つの火種が消えても、中東の安定が続かない理由

シリアだけでもアラブ人とクルド人が対立、アラブ人の中もシーア派の分派であるアラウィー派、スンナ派、スンナ派の過激派であるISに分かれている。ISの「首都」ラッカを陥落させたのはシリアのクルド人民兵組織であり、イラクのクルド人自治区は独立を求める住民投票を強行した。民族、宗派に合わせて国境線を引き直さないかぎり、安定は遠い。

10

中東の揉め事のすべては、イランを通して見るとスッキリわかる

イランと聞いて一定の世代以上の方が思い浮かべるのは、上野公園などにたむろして偽造テレホンカードを売っていたイラン人かもしれません。

彼らは今、50代、60代になっており、イランを訪れると高確率で日本語を話せるイラン人のオジサンに遭遇します。

最近のイランのイメージは同じ中東のサウジアラビアと国交を断絶し、核保有を目指す謎の国といったところでしょう。

しかし、ＩＳの問題を含め、中東で起きている揉め事の鍵を握っているのが、他ならぬイランなのです。この項では謎の国イランを通して、中東を眺めてみたいと思います。

日本人は、イラン人もアラブ人も「同じだろう」と思いがちですが、それは日本人と中国人、韓国人は同じ東アジア人だろうと一緒くたにされるようなもの。イラン人には、古代ペルシア帝国以来、二千数百年の歴史を持つ国というプライドがあります。

そんなイランが現在の体制になったのは、1979年のイラン革命です。イスラム教シーア派の宗教指導者ホメイニ師が、英米の外国資本と結託し、石油利権を独占していたパフレヴィー王朝を倒したイラン革命。ホメイニ師は現在のイランの形である「コーラン」を法とする宗教国家を打ち立てました。

ホメイニ政権は石油産業を国有化し、外国資本を追放。米英との関係は急速に悪化し、特にアメリカからは強く敵視され、生き残りのために核開発に着手しました。オバマ政権時代に対米関係は改善されたものの、トランプ政権は再びイラン敵視政策に戻りました。また、もう1つの大国ロシアとも敵対する関係にあります。

イランが孤立の道を歩む歴史的背景

なぜ、イランは国際社会から孤立する道を歩んでいるのでしょうか。その答えは、イラン革命に至るまでのイランの歴史にあります。

世界地図を見ると、イランの南はインド洋。向かって右側がインド、左側がイラクとクウェートというアラブ諸国。北側がロシアです。

そして、ロシアの悲願と言えば、南下政策。東アジア側では日本海、ヨーロッパ側では黒海から地中海へ出ようとしてきた歴史についてはすでに取り上げた通りですが、ロシアはインド洋への進出も狙ってきました。

イランは、インド洋へのロシアの南下ルート（通り道）に当たるのです。19世紀、日露戦争で東アジアでの南下を阻まれた後、イギリスによって地中海方面への南下も断たれたロシアは、イランからインド洋方面に抜けようと試みます。

一方、インドを植民地としたイギリスはここでもロシアの南下を阻止しようとします。イランはロシアとイギリスに挟まれ、両国の草刈り場となったのです。国力の低下していたロシアはイギリスと妥協、英露協商に合意し、イランを両国で分割することに。イランのカージャール王朝には両国に従属する道しかなく、イギリス系のアングロ・イラニアン石油（現在のＢＰ）が油田を開発し、石油採掘権を独占します。

そんな弱腰のカージャール王政を倒し、自ら王位についたのが民族派の軍人レザー・ハーンでした。ハーンはロシア革命でロシア軍が撤収したタイミングに乗じてクーデターを起こし、パフレヴィー（パーレビ）朝を打ち立てます。

彼は石油採掘権をイギリスから取り戻そうとしますが、イギリス軍との戦いに敗れ、追放。イギリスはハーンの息子、パフレヴィー2世を王位につけ、傀儡《かいらい》政権としました。

その後、エジプトを中心にアラブ民族主義が盛り上がった1950年代には、イランでも民族主義者のモサデクが首相に選ばれ、アングロ・イラニアンの国有化を試みます。ところが、アメリカのCIAとイギリスのMI6が介入し、モサデク打倒のクーデターを演出。パフレヴィー2世の独裁権が強化され、イランの石油利権はイギリス系、アメリカ系の石油大手数社で分割されることになりました。

パフレヴィー2世は西欧化と近代化を図り、イランはイスラム教国ながら、女性はパリやニューヨークの最新ファッションを身につけ、欧米への憧れを隠さない親米国となっていきます。

しかし、石油利権は外国資本と王族が独占し、貧富の差は拡大。シーア派の法学者ホメイニは、親米王政の打倒を呼びかけ、独裁政治と貧富の差に不満を持っていた国民が呼応して、イラン革命へとつながっていったのです。

イランとアラブ諸国の近くて遠い関係

同時期、エジプトのナセル、リビアのカダフィら、他のアラブ諸国で起きた革命はソ連の支援を受け、社会主義を目指しました。しかし、イランは東西いずれの陣営にも属さず、インドや中国のような地域覇権国家としての地位を目指していきます。

しかも、イランはイスラム教の少数派であるシーア派の国で、民族も中東の多数派であるアラブ人と異なります。

周りはイスラム教スンナ派が圧倒的多数派のアラブの国に囲まれており、中東内でも宗教上、孤立しています。仲間といえるのは、イラクやサウジアラビア東岸に暮らすシーア派の住民、シリアのアサド政権や、イランに気を使う湾岸の小国カタールくらいです。敵はイスラム教スンナ派。アラブではスンナ派が多数派なので、アラブ全体がほぼ敵です。

しかし、イランからすれば、ペルシア人でシーア派である自分たちから、アラブの周辺諸国に歩み寄る気はありません。イランとアラブ諸国とは相容れない関係なのです。

また、イランは世界でもまれに見る不思議な政治体制を持ち、男女の分け隔てなく参政権があり、選挙で大統領、国会議員を選出。しかし、大統領は国のナンバー2でしかなく、

（地図15）イラン人が考える「本当のイラン」の範囲

シーア派血統のアサドはイランの仲間だ
シリアのアサド大統領はイスラム教シーア派の分派であるアラウィー派。イランは革命防衛隊という精鋭部隊をシリアに送り、過激スンナ派のISと戦うアサドを支援している
イラン国境
シーア派の分布
トルコ
シリア
イラク
イラン
カタール
サウジアラビア
ペルシャ湾
アラブ首長国連邦
イラク、サウジに住むシーア派はイランの同志
イラン周辺には、アラブ人のシーア派居住地が広がっている。なかでもイラク、サウジアラビアには一定数のシーア派アラブ人が暮らすため、分離独立の気運が起きている
ペルシア湾の石油はすべてイランのものだ
現在はサウジアラビアなどが隣接しているペルシア湾だが、元々はペルシア帝国の内海だった。湾岸の主要な油田はシーア派住民の居住区にあり、権利を主張したいところだ

長い歴史を持つペルシア帝国。イラン人は、かつての版図が本来のイランだと考えている

ナンバー1である最高指導者はイスラム教の法学者から選ばれます。しかも、この最高指導者は終身制。ホメイニ師没後の現在は2代目のハメネイ師が務めています。ここで覚えておきたいのは、仮に親米的な大統領が選ばれたとしても、最終的な政策決定にはシーア派指導者の意思が貫かれるという点です。

では、こうしたイラ

ンの立ち位置を踏まえたうえで、現在中東情勢を揺るがしているＩＳの問題を考えてみましょう。そこから核開発問題、イスラエル問題も見えてきます。

中東の今後が見えてくる、この〝視点〟

ＩＳは、スンナ派の過激派、原理主義者の集まりであるワッハーブ派です。ＩＳからすれば、シーア派であるイランは異端であり、敵だと考えています。

ですからイランは反ＩＳの急先鋒で、ＩＳ支配地域を空爆、革命防衛隊という精鋭部隊を送り込んでいます。つまり、「対ＩＳ」という意味ではアメリカと共闘できる立場にあり、だからこそオバマ前大統領はイランへの経済制裁を解除したのです。

ところが、悪化していたアメリカとの関係もここから雪解けかと思いきや、トランプ大統領となってから再び関係は悪化しています。

その背景にはイランの核問題とユダヤ人問題があります。親米アラブ諸国に囲まれた中で力を保持するため、イランが核開発を進めた結果、イスラエルの安全を脅かすようになりました。

世界最大のユダヤ人コミュニティを抱えるアメリカは、イスラエルの保護者です。ウォール街を押さえている金融資本の多くがユダヤ系であり、トランプの娘婿は敬虔なユダヤ教徒であるクシュナー。娘のイヴァンカは、結婚するときにユダヤ教に改宗しています。当然、トランプの孫たちはユダヤ教徒です。

トランプ大統領はイスラエル、サウジアラビアなどを訪問。現職大統領として初めて嘆きの壁を訪れ、対イランの新たな制裁を発表するなど、反イラン網構築に動きました。

中東でイラン以上に敵だらけのイスラエルが生き残るには、イランの核保有は絶対に認めることができません。反ＩＳではアメリカとイランの思惑は一致しているのに、核問題とユダヤ人問題がからみ、共闘が叶わない。誰と誰が味方で、敵なのかがわかりづらい状況になっています。ここにトランプの中東政策に合理的な説明のつかない選択の多い理由があります。

かくして対ＩＳでイランとアメリカが共闘することは叶わず、スンナ派とシーア派の対立が根底にあるサウジアラビアはアメリカから大量の武器を購入し、お互いに周りは敵だらけのイスラエルとイランは核開発を巡る緊張状態を高め合い、結果として中東の平和はまたも遠ざかっていく……。

（地図16）中東の入り組んだ相関関係

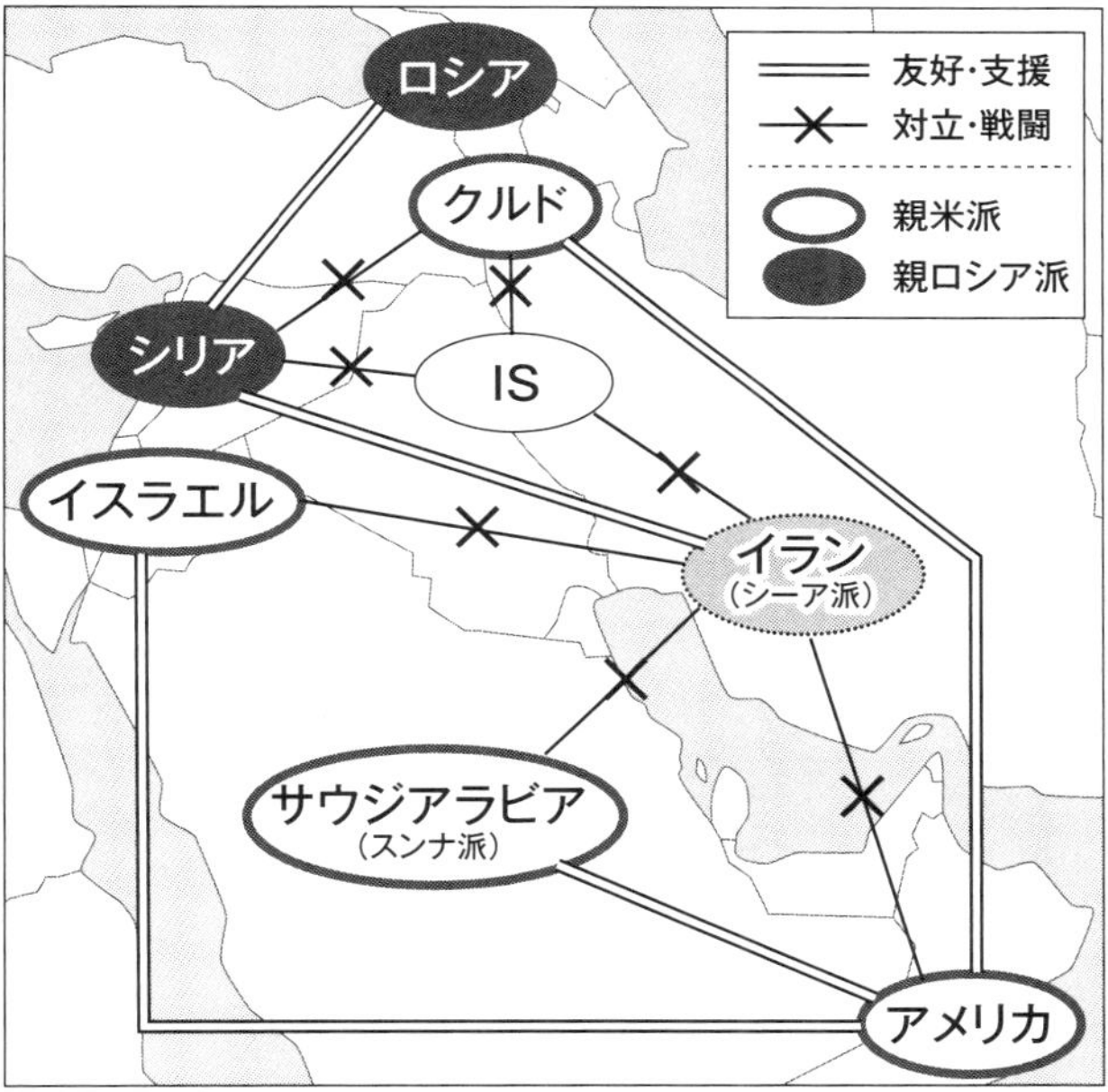

イランにとって、ISは敵。イスラエルも敵、アメリカも敵。結局、イランは孤立しています。この孤立は容易には解消されないでしょう。

イランという「共通の敵」を前に、イスラエルとサウジアラビアなどのアラブ諸国が急接近する中、アラブの小国カタールがイラン寄りのコウモリ外交を続けたため、サウジを中心とするアラブ諸国はカタールと断交しました。中国とアメリカとの間をふらふらし、中国市場で経済的利益を得ている韓国とよく似ています。

また、ペルシア湾沿いの油田地帯はなぜかシーア派住人の多い土地にあります。カタールがイランについてしまうと、サウジアラビアに暮らすシーア派住人の間に分離独立の気運が高まります。

サウジアラビアとしては油田の多くある地域が不安定な状態になることは絶対に避けたいだけに、カタールの動きを抑え込みにかかったのです。

このように中東の問題を見るときは、イランの位置づけがわかっていると、紛争の原因や今後の動きがよくわかってくるのです。

「これから」を読む視点4 イスラエル寄りのトランプ大統領とは絶縁状態

オバマ大統領時代、イランが核開発を制限することで合意し、経済制裁が解除されました。しかし、ユダヤ系の側近に支えられたトランプ政権は、イランの核開発を嫌うイスラエルに急接近。イランとの関係は再び悪化しています。

「これから」を読む視点5 イスラエルは核開発を進めるイランを許せない

イスラエルは過去にイラクのサダム・フセイン政権が建設していた原子炉やシリアの核関連施設

を空爆した経緯があり、周辺諸国の核武装を武力で阻止してきました。イランが核開発を進めていけば、当然、攻撃の対象となっていくでしょう。

「これから」を読む視点6　スンナ派のISはイランを敵と見なしている

コーランを厳格に解釈するスンナ派の原理主義者であるISから見ると、シーア派のイランは女性が顔を出して街を歩いているなど、コーランを軽んじている「裏切者」となります。イスラム教は一枚岩ではなく、争いは続きます。

第6章

日本の「これから」にインドとの連携が欠かせない理由

〈インド編〉

IT 産業を中心に経済発展がめざましいインド
（インド中南部の都市・ハイデラバード）

SNEHIT/Shutterstock.com

基本ポイント１　**日露戦争が、インドの独立運動を刺激した**

日本がロシアに勝利した翌年、イギリス統治下で現在もインドの主要政党である国民会議派がカルカッタ大会を開催。この場で、インドの自治をイギリスに要求し、国産品の愛用、イギリス製品のボイコットを決議するなど、独立の気運が高まっていきました。

基本ポイント２　**日本軍はイギリスからのインド独立を支援した**

インド独立運動の指導者チャンドラ・ボースは第二次世界大戦末期、東条英機首相と面会。インド国民軍を編成し、日本軍とともに英領インドを解放するインパール作戦を強行しました。すでに日本軍は制空権を失っていたため、作戦は失敗。多くの犠牲を出しましたが、その後インドは独立します。ボース自身は独立を見ずに、飛行機事故で亡くなりました。

基本ポイント３　**東京裁判で唯一全員無罪を主張したインド人判事**

こうした経緯からインドには、中国や韓国と異なり、「日本はインドの独立を助けてくれた国」という歴史観があります。事実、第二次世界大戦後の東京裁判で、インド人のパル判事は「インドを植民地化したイギリスに日本を裁く権利はない」と被告人全員の無罪を主張しました。

11

インドが親日国家になった歴史的・地政学的経緯

インドと聞いて、どんなイメージを浮かべるでしょうか？

バックパッカー、ガンジー、カレー、ヒンドゥー教、最近ならばＩＴ大国……。いずれにしろ一般的な日本人の感覚からすると、遠い存在かもしれません。

しかし、世界史を振り返ると、インドと日本は浅からぬ縁で結ばれ、それは現在のアジアの地政学上、非常に重要なつながりとなっています。

そもそもインドは１８７７年（明治10年）にできた新しい国です。たくさんの小国に分かれていたインドを統一したのは英領インド帝国で、初代皇帝はイギリス人のヴィクトリア女王でした。しかし、日露戦争での日本の勝利に刺激されて、１９０５年代以降、インドではイギリスからの独立運動が活発になっていきます。

第二次世界大戦中の１９４３年には独立運動の指導者チャンドラ・ボースを日本が支援し、独立インド政府を承認。ボースを最高司令官とするインド国民軍とともに、日本軍はビルマ（現在のミャンマー）から英領インドを攻めるインパール作戦を実行しました。作戦は失敗に終わりますが、イギリスもこの大戦で疲弊し、第二次世界大戦後の1947年、インドは独立を勝ち取ります。このためインドでは、日本は独立を助けてくれた国という歴史観が根付いているのです。

敵の敵は味方？ インド、中国、パキスタン…の複雑な関係

かつての英領インドは、現在のインドとパキスタン、バングラデシュ、スリランカをも含む国でした。それが独立時にヒンドゥー教徒が中心のインドと、イスラム教徒が中心のパキスタンに分かれます。しかし、シリアやイラクで取り上げたのと同じように、国境線と宗教の分布が合っていないため、両国の境であるカシミール地方にはイスラム教徒とヒンドゥー教徒が混在。インドとパキスタンはカシミールを巡って、1947年、1965年、1971年と3度の戦争を経験しています。

いずれの戦いも国力で勝るインドが優勢に進め、国連の調停によって停戦。パキスタンは自国を守るため、アメリカに接近します。当時は冷戦中でソ連がアフガニスタンを勢力

（地図17）インドvsパキスタン（中国）の国境紛争地域

カシミール州

圏に収めていました。アメリカは、ソ連の南下を防ぐため、パキスタンを防波堤としたのです。

インドは対抗策として中国、ソ連に近づきます。ところが、毛沢東が中国軍を派遣してチベットを併合、ダライ・ラマ14世はインドに亡命しました。チベットという防波堤が消えたことで印中間は国境を接するようになります。

1962年には中国軍がカシミール地方などに侵攻。停戦後も中国はパキスタンを支援し、それが1965年の第二次印パ戦争につながっていきます。

インドから見れば、パキスタンを支援するアメリカは敵、国境紛争を抱える中国も敵。地政学における「敵の敵は味方」の原則が働き、インドはソ連（ロシア）と組むことになったのです。そして、1964年に中国が原爆実験に成功すると、インドもソ連の支援を受け、核開発に乗り出し、1970年代に核保有を宣言。世界で6番目の核保有国となります。

そのインドに対抗してパキスタンも核武装を目指しますが、アメリカはイスラム教徒の国に核を持たせることをためらいます。そこで、パキスタンの軍部は中国と手を組んで核実験を強行。アメリカとの関係が悪化したことで、これ以降、パキスタンは中国へ近づいていきます。

インドと中国は敵同士であり、インドとパキスタンも敵同士。ここでも敵の敵は味方の原則が働き、中国とパキスタンは良好な関係を築いていったのです。特に中国から見れば、パキスタンを自国側につけることで、チベットからパキスタンを通ってインド洋に出ることが可能になります。

将来的には、中東から海路で運んできた石油をインド洋から直接、中国内陸部に運べる「通り道」にしようとしているのです。ちなみに、インド、中国、パキスタンの3カ国が核を保有したことで国境問題を抱えたまま、全面戦争にならず均衡を保っています。

日本も関わる、インドの中国包囲網「ダイヤのネックレス戦略」

現状、インドは中国からの投資を必要としているので、中国が主導するアジアインフラ銀行（ＡＩＩＢ）に参加し、経済面では協力関係にあります。しかし、国境を巡る領土問題は解決しておらず、両国の関係はこじれたままです。

近い将来に目を向ければ、東京オリンピック後の２０２０年代後半、インドの人口は現在の12億５０００万人から14億人に達し、中国を抜いて世界最大となることが予想されています。しかも、若年層の人口が多いピラミッド型の人口構成です。

長く続いた一人っ子政策の影響で、一気に高齢化社会を迎える中国とは対照的。このため中国はインドの台頭に脅威を感じています。

両国の間にはヒマラヤを挟んだ国境問題があり、なおかつ、インド洋の権益を確保したい中国にとってインドは地政学的に非常に邪魔な位置に存在しています。

というのも、中国が中東、アフリカから石油などの資源を海上輸送する際には、必ずインド洋を通過しなければなりません。ところが、インド洋に中国の港はなく、要衝であるマラッカ海峡はアメリカ海軍の第七艦隊が押さえているのです。

そこで、中国はパキスタンをはじめ、スリランカ、バングラデシュなど、インドの周辺国に多額の資金を援助。中国企業が港湾、道路、パイプラインなどのインフラ開発を行う一方で、港の使用権などを獲得し、インドを包囲する「真珠の首飾り」と呼ばれる戦略を進めています。

一方、インドは友好国であったソ連の崩壊以後は、中国を牽制するためにアメリカへ急接近。9・11以後、「対テロ戦争」を優先するブッシュJr.政権は、インドの核開発に対する制裁を解除し、新たに原子力協定を結んで、インドの核保有を容認しました。

現在は中国の海洋進出に対抗するため、インド洋で米海軍、日本の海上自衛隊とともに合同軍事訓練を行い、歴史的に中国の侵略を受け続けてきたベトナムとも連携しています。さらには、アフリカ東岸のマダガスカルに通信施設を開設するなど、「真珠の首飾り」の外側を結ぶ「ダイヤモンドのネックレス」と呼ばれる戦略を推進しているのです。

多くの日本人が気づかぬうちに、日本は対中国という意味でアメリカ、インド、ベトナムなどの海洋陣営に入っているのです。

（地図18）インドvs中国の争いに、日本も参加していた

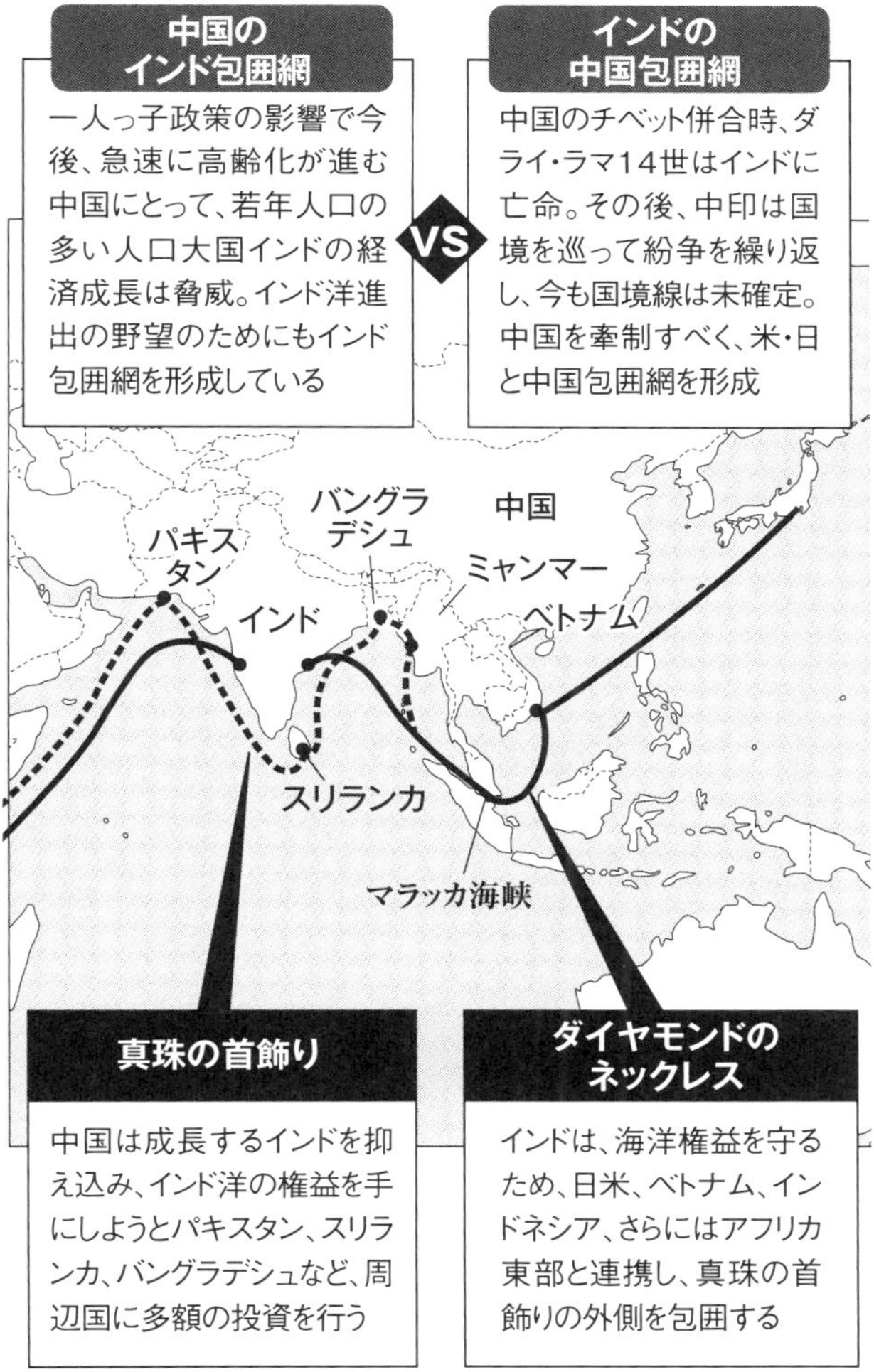
中国の
インド包囲網
一人っ子政策の影響で今後、急速に高齢化が進む中国にとって、若年人口の多い人口大国インドの経済成長は脅威。インド洋進出の野望のためにもインド包囲網を形成している
VS
インドの
中国包囲網
中国のチベット併合時、ダライ・ラマ14世はインドに亡命。その後、中印は国境を巡って紛争を繰り返し、今も国境線は未確定。中国を牽制すべく、米・日と中国包囲網を形成
パキスタン
インド
バングラデシュ
中国
ミャンマー
ベトナム
スリランカ
マラッカ海峡
真珠の首飾り
中国は成長するインドを抑え込み、インド洋の権益を手にしようとパキスタン、スリランカ、バングラデシュなど、周辺国に多額の投資を行う
ダイヤモンドの
ネックレス
インドは、海洋権益を守るため、日米、ベトナム、インドネシア、さらにはアフリカ東部と連携し、真珠の首飾りの外側を包囲する

日本にとってインドの重要度がますます高まる

今後、アメリカのアジアでの影響力は低下する可能性が高く、日本にとってインドとの協力関係は重要度を増していきます。

なぜなら、外への膨張を続ける中国の海洋進出は止まらず、今後は南シナ海に続き、インド洋、東シナ海、日本海にも出ていこうとするからです。そのとき、核兵器を持っている中国に対して日本がどう対抗するのか。

そういった視点で見たとき、アジアの核保有国であるロシア、インド、パキスタン、北朝鮮のうち、日本のパートナーとなりうるのは、当面はインドしかありません。

というのも、インドはイギリス型の議院内閣制の民主主義の国で、政治的に安定しているから。植民地支配の時代、イギリスはインドを搾取しましたが、民主主義システムという財産を残してもいったのです。

実際、独立後のインドの指導者はすべて選挙で選ばれており、現在は国民会議派と人民党の二大政党制に近い形になっています。

２０００年代は国民会議派のマンモハン・シン政権が外資を積極的に受け入れ、経済発展による宗教対立の沈静化を進めました。シン政権下で、鉄鋼・自動車のタタ財閥に代表される重厚長大産業に代わって、ＩＴ産業が急成長。南部のバンガロールはインドのシリコンバレーと呼ばれるようになり、Ｇ７（先進７カ国）の後を追うＢＲＩＣＳ《ブリックス》（ブラジル、ロシア、インド、中国、南アフリカ）の一角を占めるようになりました。

シン首相の後任は人民党のナレンドラ・モディです。彼は２０１４年の総選挙で圧勝し、首相に就任すると、最初の外遊先に日本を選び、インパール作戦で戦った元日本兵と面会。その感激をツイッターで発信、安倍首相との個人的友情も深く、日印関係は良好に推移しています。

また、経済的な面からもインドは中国に代わる輸出先、投資先として期待されています。若年層人口が多く、経済発展とともに購買力が上がるのは確実。加えて、英語が準公用語となっており、ソフトウェア産業の発達を支えています。

近い将来、日本人の持つインド観は謎めいた遠い国から、世界最大の民主国家であり、頼れるパートナーへと変わっていくことでしょう。

「これから」を読む視点1　中国の次はインド。輸出先としても期待

ソニーやトヨタ、スズキ自動車などの日本企業がインドに製造拠点を持ち、ムンバイ~アフマダーバード間を走る高速鉄道案件において日本の新幹線方式を採用することで合意するなど、経済面での連携を増していています。

「これから」を読む視点2　中国への敵対心で利害が一致する

日中間には尖閣問題があり、インドも国境問題で中国と衝突している。拡大路線を続ける中国に対抗するという意味で、日本とインドは利害が一致。日本は超高齢化社会を迎え、一方インドは人口増大による経済成長期に突入。補完関係が期待できます。

「これから」を読む視点3　安全保障上もインドは重要なパートナー

中国、パキスタンに対抗するため、核保有国となったインド。当初は難色を示したアメリカとの関係も改善しており、安全保障に関して日本がインドと接近する際の障害は少なくなっています。インド洋では米・日・インドの共同軍事訓練「マラバール」が毎年開催されています。

第7章

地政学的強みを活かして発展してきた日本の転換点

〈日本編〉

日本は今後も地政学的なメリットを活かせるか？
（スカイツリーの先に見える東京の街と富士山）
dreamnikon/Shutterstock.com

基本ポイント1 **形**

山がちで急流が多く、南北に長い島国の日本は、古くから陸路よりも船での物流が活発で、港町を中心に経済が発展してきました。

基本ポイント2 **場所**

対馬海峡・朝鮮海峡の幅はドーヴァー海峡の5倍近くあり、イギリス以上に大陸から隔絶した地の利は、外敵を遠ざける役割を果たしてきました。

一度も大陸国家の支配を受けずに独立を維持し、第二次世界大戦後はロシア、中国に対する防波堤として、アメリカ軍が駐留することに。

基本ポイント3 **大きさ**

18世紀初頭、ヨーロッパ最強だったルイ14世時代のフランスの人口は2000万人。同時期（江戸中期）の日本の人口は2800万人で、江戸は世界最大級の都市でした。

武士階級だけでも200万人もいる「重武装国家」の日本を、攻めようとする国はありませんでした。

基本ポイント４　**気候**

農業に適した四季のある気候、豊かな水産資源、貿易のハブとなる港に恵まれ、農業、商業が発達。西欧諸国と同レベルの市場経済、貨幣経済が実現し、大坂の米市場では、先物取引も行われていました。

12

極東・島国…日本のメリットをデメリットにしないために

ミサイル発射を繰り返す北朝鮮の暴走で緊迫する朝鮮半島情勢、尖閣諸島を狙う中国による日本の領海侵犯……。

日本を取り巻く環境に、大きな異変の兆しを感じている方も少なくないのではないでしょうか。

しかし、南北に長い島国の日本は、この地理的条件からくるメリットを活かし、海洋国家（シーパワー）として発展してきた歴史があります。古くから陸路よりも船での物流が活発で、港町を中心に経済が発達。この性格は現代も変わらず、戦後の復興を支えたのも貿易立国のノウハウでした。

世界史における日本の変遷と、今後の展望を地政学的視点から考えていきます。

江戸時代まで西欧諸国が日本を侵略できなかった意外な理由

江戸時代から幕末まで、世界史における日本は辺境の国でした。欧米にとっては、はるか海の向こうにある伝説の国ジパングであり、キリスト教宣教師や商人が訪れる程度で、本格的な交流も、大きな戦いもありませんでした。

日本は他国の侵略を受けることなく、独自の経済発展を遂げ、17世紀初頭（江戸初期）の日本はスペインやフランスに匹敵する大国であり、鉄砲の保有数では世界1位でした。18世紀の江戸は百万都市として世界有数の豊かさを誇っていました。

それを支えたのは、海に守られた島国という地理的条件。これは海洋国家（シーパワー）の持つ、大きなメリットです。

同時期にはスペインがフィリピン（１５６５年）、オランダがマレーシア（１６４１年）を植民地化するなど、列強によるアジア侵略が始まっていました。

特にスペインは中南米を侵略して、アステカとインカを滅ぼし、殺戮《さつりく》のかぎりを尽くしました。フィリピンでも同じことをやったわけですが、日本に対しては手を出さず、逆に豊臣秀吉がフィリピンにいるスペイン人総督に服属を求めると、総督は貢ぎ物を贈っています。

彼らは日本に攻め込めず、交易を行うにとどまっていました。

戦国から江戸に向かう当時の日本は重武装中立という立場だったのです。充実した財力で鉄砲を輸入し、その保有率が世界有数であったこと。そして、腰に刀を差した侍たちの存在を恐れたからです。

つまり、シーパワーならではのメリットによって発展した経済が、高い軍事力を維持する源泉となり、「鎖国」を可能にしたのです。

そんな日本の扉をノックし、世界史に登場させたのがマシュー・ペリーです。アメリカ海軍の士官として蒸気船を率いてメキシコ戦争に従軍し、名をあげたペリーは、戦争終結の5年後、東インド艦隊の司令官として上海経由で鎖国中の日本に来航しました。

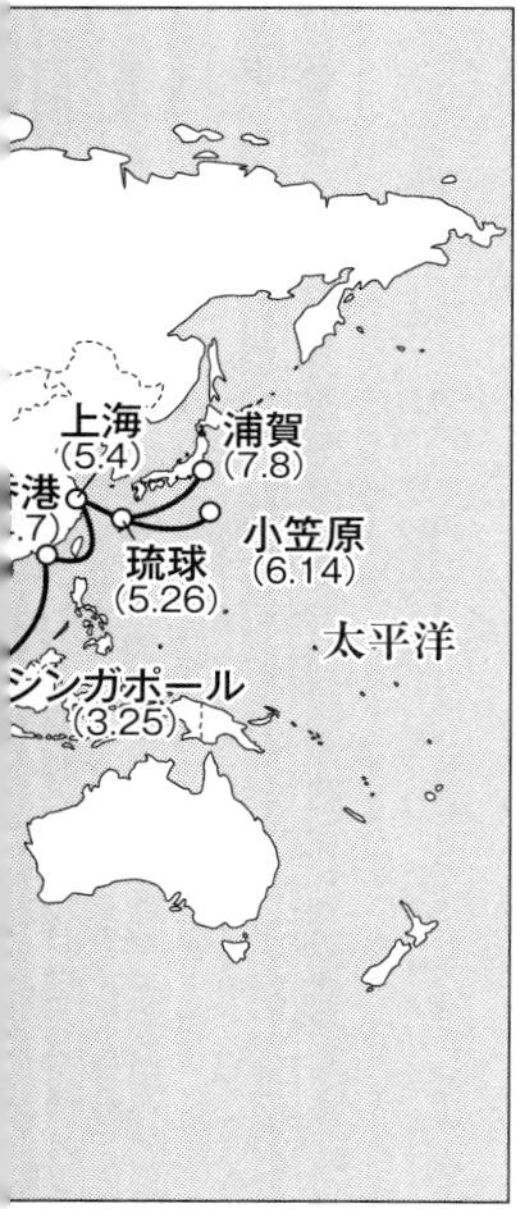
上海
(5.4)
浦賀
(7.8)
小笠原
(6.14)
琉球
(5.26)
太平洋
シンガポール
(3.25)

当時のアメリカに大陸横断鉄道はなく、パナマ運河もまだありま

（地図19）辺境の強みを活かして経済発展した海洋国家・日本

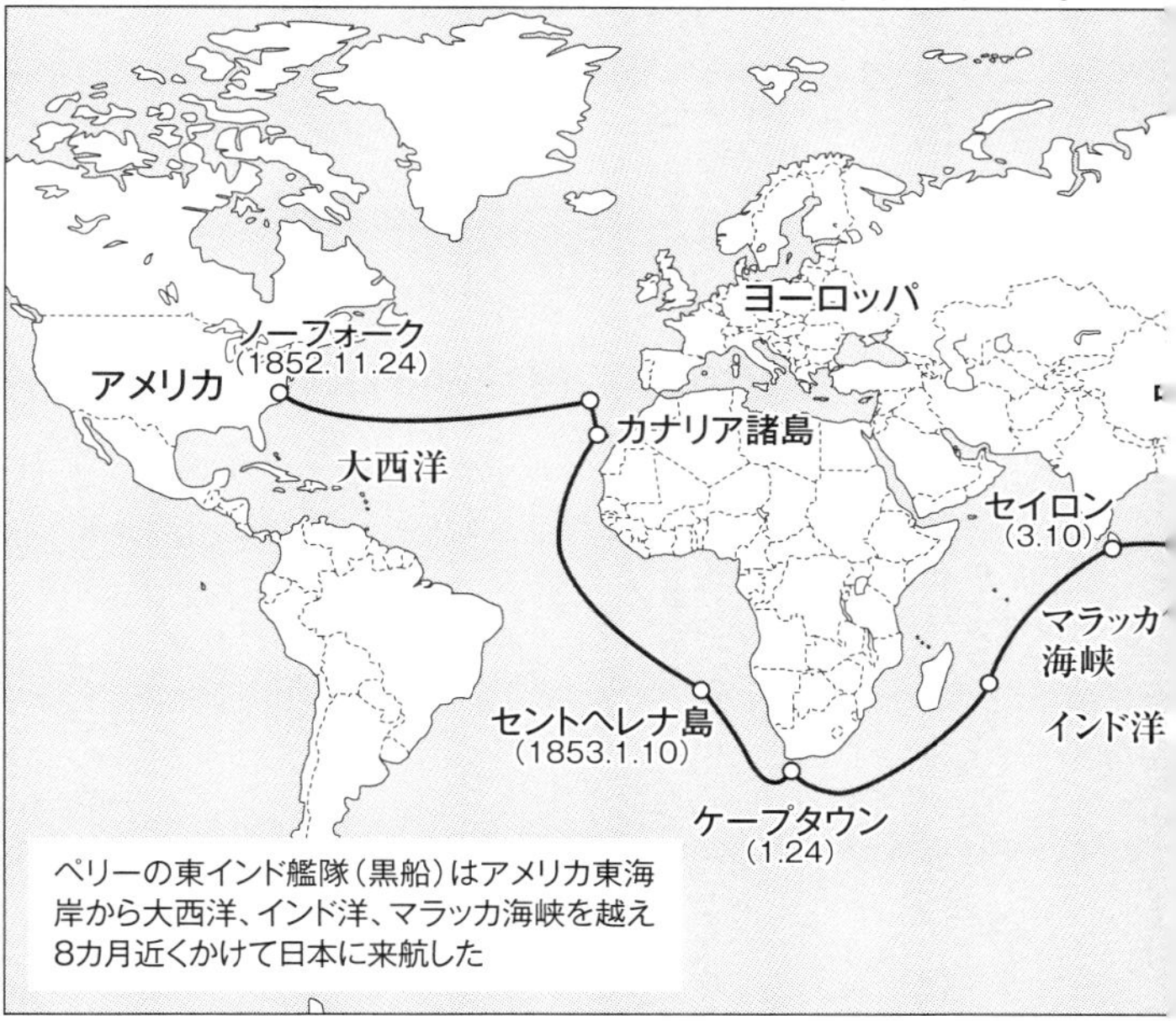

ペリーの東インド艦隊（黒船）はアメリカ東海岸から大西洋、インド洋、マラッカ海峡を越え8カ月近くかけて日本に来航した

せん。ペリーの東インド艦隊はアメリカの東海岸を出港し、大西洋を進み、喜望峰を回ってインド洋に入り、マラッカ海峡を抜けて上海に寄港し、日本にたどり着いたのです。

その目的は2つあったと言われ、1つはアメリカ製の繊維などの有望な市場であった中国進出に向けた寄港地（補給基地）として日本が最適な位置にあったこと。もう1つは、北太平洋における捕鯨船の寄港地とするためでした。

現在は反捕鯨国であるアメリカですが、19世紀半ばまで世界最大の捕鯨国として北大西洋、北太平洋で捕鯨船が操業。クジラは照明や機械用の油を採取するための「資源」だったのです。ところが、1859年にペンシルベニア州で石油が発見されてから状況は一変。捕鯨産業は衰退し、工業国に転換したアメリカは中国との貿易ルートという「通り道」を確保するため、パナマ運河を作り、ハワイ、フィリピンに海軍基地を建設します。

日本はシーパワーの大国に転じたアメリカによって開国を迫られ、日清、日露戦争を経て東アジアのシーパワー大国となり、やがてアメリカと太平洋上でぶつかることになったのです。

明治政府はシーパワー薩摩とランドパワー長州の連合政権

ペリー来航、大政奉還の後、明治維新の中心となったのは薩摩藩と長州藩でした。

実はこの2つの藩は、シーパワー的性格とランドパワー的性格を持っていました。薩摩藩は鎖国の始まる前から琉球王国を事実上支配下に置き、鎖国中も琉球王国による明、清との朝貢貿易から利益を得て、力を蓄えていたのです。

船の扱いに長け、情報網を海に広げていた薩摩藩は、ペリーが来航したときもアメリカ艦隊が沖縄を通って日本列島に近づいている情報を幕府よりも先につかんでいました。視線は海に向かい、幕末にはいち早く蒸気船の建造に着手するなど、海軍力の重要性を理解していた薩摩藩はシーパワー的性格を持っていたのです。

一方、長州藩は視線は朝鮮半島から向こう、ユーラシア大陸を見ていました。長州の革命家・吉田松陰は幕末の段階で「朝鮮を攻めて質を納《い》れ貢を奉じ、古《いにしえ》の盛時の如くにし、北は満州の地を割き、南は台湾、呂宋《ルソン》諸島を収め、漸《ようや》くに進取の勢《いきおい》を示すべし」（将来、我が日本は北に兵を送り、朝鮮や満州を取れ…）と記しています。

この松陰の考えは、松下村塾に学んだ弟子たち、山県有朋、伊藤博文らに受け継がれ、彼らが新政府の実権を握ったことで明治政府は大陸出兵を進めていくようになります。ランドパワー的性格の長州藩とシーパワー的性格の薩摩藩。相容れないはずの両藩が、坂本龍馬らの仲介もあって手を結び、幕府を倒し、明治政府は薩摩長州の連合政権となります。結果、帝国海軍は薩摩出身者が押さえることになり、帝国陸軍は長州出身者が中心となったのです。

これが第二次世界大戦中、最後まで帝国陸海軍が一枚岩になれなかった原因となります。

海軍は太平洋に向かい、陸軍は満州に向かい、シーパワーのアメリカ、ランドパワーの中国と同時に戦うことになったのです。

仮に中国とは戦わず、陸軍に使った人員と予算、軍備をすべて海に向けていれば、その後の歴史は違っていたかもしれません。

ちなみに、第二次世界大戦末期の混乱の中でソ連（ロシア）軍が攻め込んできたときも、彼らが北海道まで達することができなかったのは、海のおかげです。

もし陸続きであれば、ソ連軍は北海道を占領していたでしょう。それはヨーロッパでのソ連軍の戦いを見れば明らかで、島国であったことによる不幸中の幸いでした。

“金融”と“軍事”の両面に影響をおよぼす日米同盟

敗戦後、アメリカは日本のシーパワーとしての力を認め、ソ連と中国の防波堤として役立てようとしました。

地図を見れば明らかなように、南北に長い日本列島はユーラシア大陸のランドパワーであるロシア、中国を抑え込むために絶好の位置にあったからです。

日米安保条約が結ばれ、帝国海軍の遺産を引き継いで作られたのが、海上自衛隊です。陸上自衛隊は本土の防衛のために最小限度の規模にとどめ、海上自衛隊はアメリカの第七艦隊を補完する形。それが戦後70年続く、日米安保体制です。

日米同盟がどれだけ重要なものかは、金融を見てもわかります。

「有事の円」と言われるように、主要通貨でもっとも信任があるのは日本円です。日本政府が巨額の財政赤字を抱えているから、円売りが進んで「円は暴落する！」と心配する人もいますが、一向に暴落の兆しが見えません。

タイにしろ、韓国にしろ、財政赤字から通貨暴落を招いた国は、例外なく外国から資金を調達していました。その点、日本は世界最大の債権国であり、借りる側ではなく貸す側です。日本国債の保有者は外国の銀行や投資家ではなく、日本の銀行や投資家が中心となっています。

アメリカも莫大な軍事費をまかなうため財政赤字が常態化しています。それでも米ドルが暴落しないのは、米国債が売れ続けるからです。この米国債を一番買ってきたのが日本政府（日銀）でした。

日本には世界の警察をやる意思も能力もありません。世界最強の米軍が日本の防衛を引き受ける代わりに、日本は米国の軍事費を肩代わりする。こういう役割分担なのです。ですから、どれだけ日本円が信任されていても、ドルに代わる世界の基軸通貨になることはありません。軍事的に日米安保体制で「守ってもらっている」国の通貨は、米ドルを補完し、その安定を支える以上のことはできないのです。

金融と軍事は、表裏一体ということです。

マージナルシー(縁海)を狙う中国に対抗するには…

戦後の日本の急激な復興を支えたのも地政学的にシーパワーが持つメリットによってでした。古くから船での物流が活発で、港町を中心に経済が発展。江戸時代には、大坂の堂島に世界初となる米の先物市場が作られるなど、当時の町人は西欧をしのぐ生活水準を手にしていました。明治維新はこれを加速しただけです。

敗戦で灰燼《かいじん》に帰しても、貿易立国のノウハウが残っていたことが戦後の復興を早めたのです。

しかし、こうしたメリットがデメリットに変わる可能性が出てきました。ここ数年、豊

（地図20）世界に稀に見る日本の地政学上のメリットとは

③ 大きさ

極東にある辺境の島なので、列強の侵略を受けなかった

宣教師が日本に訪れるまで日本は世界の辺境であり、攻め込むには遠すぎた。江戸時代中期の人口は2800万人で同時期のフランスを超えた。武士階級だけで200万人もいた「重武装国家」日本を攻めようとする国はなかった

① 形

島国であることで独立を維持。海を利用して経済発展

南北に長い島国の日本は、海洋国家（シーパワー）として古くから船での物流が活発で、港町を中心に経済が発展。このノウハウは、戦後焼け野原から復興する過程で、貿易立国の基礎となっていった

④ 気候

恵まれた気候や水産資源があることで「鎖国」下でも経済が発展した

農業に適した四季のある気候、豊かな水産資源、貿易のハブとなる港に恵まれ、農業、商業が発達。実際、江戸時代には、大坂の堂島に世界初となる米の先物市場が作られるなど、西欧諸国と同じレベルの市場経済が実現していた

② 場所

中国・ロシアが太平洋に進出しないための防波堤として絶好の位置

海に囲まれた地の利は、同じ島国であるイギリスなどと同じく、外敵を遠ざける役割を果たしてきた。第二次世界大戦後は中国、ロシアに対する防波堤となる絶好の位置にあったため、アメリカが日本を戦略的に利用してきた

かになった中国は海軍を持たないランドパワーからシーパワーに変貌し、マージナルシー（縁海）である南シナ海や東シナ海を領海化しようとしています。

特に南シナ海では、フィリピンから米軍が撤退した空白をつき、環礁をコンクリートで固め、滑走路とするなど、露骨な動きを見せています。

こうした状況の変化によって、日本海や東シナ海が日本にとっていかに重要か、改めて浮き彫りになってきました。北朝鮮の暴走によって朝鮮半島で米朝戦争が始まった場合、危惧されるのはそのどさくさに紛れ、中国が尖閣諸島に手を伸ばすことです。

海上自衛隊、米海軍が北朝鮮方面に結集する中、突然、赤い旗が尖閣諸島に立ち、南シナ海で行ったように占領を既成事実化。空港を作り始めるという展開になると、沖縄、台湾が危機に瀕します。

中国から見ると、尖閣諸島は蟻《あり》の一穴《いっけつ》です。ここを許してしまうと、東シナ海への止めどない海洋進出が始まります。次に向かうのは沖縄と台湾です。プーチンがクリミアでやったように、沖縄を独立宣言させ、米軍基地を撤退させたうえで、中国軍の駐留を認めさせる。フィリピンから米軍が引きあげた後の軍事的空白を中国軍が埋めたのと同じことが起きるでしょう。

地政学的には軍事的空白は存在せず、必ず別の大国が入れ替わっていきます。たとえば、第二次大戦中に日本海軍が制海権を握っていた海には、戦後、アメリカの第七艦隊が入り、ロシア、中国の南下を封じ込める役割を担ってきました。

しかし、アメリカは世界の警察役を降り、中長期的にはアジアの海から引きあげるときがやってくるかもしれません。そのとき、第七艦隊のいなくなった軍事的空白を埋めるのは、どこになると考えますか？

中国海軍の進出を望まないのなら、日本の海上自衛隊が引き継ぐしかありません。将来的にはアメリカ軍の肩代わりをするということでフィリピンや台湾に日本の基地ができることもあり得ます。

日本が海に守られてきたという地政学的なメリットを維持するためには、積極的に海を守ることが求められているのです。

「これから」を読む視点1　台頭する中国にとっては、日本の位置は目障りに

中国は史上はじめて海軍を増強する経済力を手に入れ、北で国境を接するロシアとの関係も落ち着いているため、海洋進出の野心を隠しません。中国側から太平洋を望むとき、尖閣諸島、沖縄を

含む日本列島は、地政学的に邪魔な位置にあります。

「これから」を読む視点2　北朝鮮のミサイルは、日本を射程範囲内に

北朝鮮の持つ中距離弾道ミサイルの射程は日本、韓国、中国の本土を捉えています。もし飛来した場合、100%の迎撃は不可能。北が日本攻撃をためらうのは、在日米軍が即座に反撃するのを知っているから。米軍の撤収後は、日本が独自の反撃能力を持つしかありません。

「これから」を読む視点3　地政学では「軍事的空白は生じない」と考える

地政学では軍事的空白が生じると、必ず力の強い隣国が入ってくると考えます。韓国で反米派の文在寅《ムンジェイン》政権が発足し、米軍の韓国撤収の可能性が。中国はその「空白」を埋めようと動くでしょう。

エピローグ――
激変の世界と日本を見通すために欠かせない視点

人はバイアス（偏った見方）に影響されます。

たとえば、「北朝鮮が怖い」となれば、怖いと報じるニュースにばかり注目してしまい、あの国の恐ろしさだけが際立ちます。

しかし、真実は常に複数あります。

ニュースに向き合うとき、大切なのは「そういう見方もあるんだ」という複合的な視点を常に持つことです。

同じ現象も見方によって、伝わり方、受け止め方が変わります。

北朝鮮の主張や行動はめちゃくちゃで理解できない国のように思えます。しかし、独裁者という立場を失った途端、一族郎党が命を失うという危ういパワーバランスの上にいる金正恩の立場を想像できれば、核実験やミサイル発射実験で力を誇示することに、一定の合理性が見出せるはずです（それが国際的に許されるかどうかは別として）。

バイアスから逃れるために必要な視点の1つが、人間の群れ同士のサバイバル・ゲームで世界史は動いてきたと知ることです。資源、土地、通り道を巡る争いの中で、人の群れが競い合うサバイバル・ゲーム。その原則を押さえれば、金正恩とも「お互いが生き残るための選択肢を探りましょう」という話ができるかもしれません。

「怖い」、「気持ちが悪い」、「よくわからない」と断じてしまうのは思考停止です。感情的な判断は選択肢を狭めます。

あなたがどこに住み、どういう環境で暮らしているのか。

あなたが守らなければいけないものは何か。

立場が変われば、見方が変わります。

自分の家族、自分の属するコミュニティが生き残るためにより良い選択肢はどれか。

ニュースと向き合うとき、そんな視点を持って起きている出来事について考え続けていきましょう。

それが、あなたなりに世界を見通す羅針盤となるはずです。

アメリカ一極支配後の世界。東アジアはどうなる？

最後に、今後の世界情勢がどう変化していくのかを考えてみましょう。

21世紀初頭は強力なパワーを持っていた覇権国家アメリカの衰退から始まりました。過去の世界史を紐解《ひもと》くと、超大国による一極支配が弱った後には戦国時代がやってきます。

各地域に中小のボスが現れ、それぞれの縄張り争いをする状況がしばらく続くでしょう。ボスの資格となるのは、人口、経済力、軍事力、民族性です。

そういう意味で、ヨーロッパではドイツが、中東ではイランが、南アジアではインドが、南米ではブラジルが、それぞれの地域のボスとして縄張り争いをリードしていくはずです。

東アジアは中国が覇権を握るのか、日本が対抗して二強体制になるのか。今まさに瀬戸際の状況になっています。尖閣諸島を巡る日中対立は、その前哨戦と見るべきでしょう。

仮に尖閣問題が決着したとしても、東アジアの覇権争いが根底にあるので、日中の対立は終わりません。

中国の歴史は王朝による独裁と内部崩壊を繰り返してきました。現在の中国共産党の一党支配は、約70年続いてきました。しかし、これが王朝の初期の安定期だとすると、今後、官僚制度の硬直化、腐敗が進み、民衆による革命が起き、混乱期に入る可能性があります。近年の中国共産党の凄まじい汚職やそれを受けた暴動の頻発は、すでにそれが始まっていると見るべきかもしれません。

仮に中国が内部崩壊を起こした場合、日本は中国の軍事的脅威からは解放されますが、日本には大量の難民が流入することになります。ヨーロッパで起こったような混乱が、日本でも起こりうるのです。こうした混乱を避けるためにはどうしたらいいか。私たちは、常に最悪の事態を想定しながら、複数の視点を持って情勢の変化を見つめる必要があります。

おわりに

2016年の夏から約1年間、月刊誌『BIG tomorrow』の連載企画、「ニュースの先が見えてくる世界史の教養」の取材を受け、記事にしていただきました。本書はその記事をまとめて加筆したものです。

ちょうど、アメリカ大統領選挙でまさかのトランプ当選というどんでん返しが起こり、北朝鮮のミサイル危機が高まっていった時期と重なりました。

前著『ニュースの〝なぜ?〟は世界史に学べ2』(SB新書)と重複する部分もでてきますが、前著が「101の質問に答える」という設定であるのに対し、本書は世界の7つの地域(中国・朝鮮、アメリカ、ヨーロッパ、ロシア、中東、インド、日本)に分け、それぞれの地域を動かしている「大きな力」を世界史的に解き明かすことで、より入門的な内容に仕上がっています。

本書の校正中に行われた2017年衆議院選挙では、事前の予想を覆して安倍自民党が圧勝しました。平和憲法の理想を語る野党に対し、北朝鮮危機にいかに対処するかという現実を語る安倍政権の続投を国民は選択しました。
「世界史はサバイバルである」、という本書のテーマでもある現実に、ようやく日本国民は目覚めつつあります。もはや思想的に右とか左とかはどうでもよく、現実を直視できるか否かが、この国の将来を決めるのです。

最後に、毎月の取材にお付き合いいただいた青春出版社の中野和彦さん、武田友美さん、文字起こしから構成の労をおかけしたライターの佐口賢作さんに、この場を借りて御礼申し上げます。

２０１７年秋

茂木　誠

＊本書は『ＢＩＧ　ｔｏｍｏｒｒｏｗ』誌の連載「ニュースの先が見えてくる世界史の教養」を基に加筆・再構成したものです。本書に出てくる情報は、とくに断りがないものは２０１７年10月現在のものです。

編集協力／佐口賢作
ＤＴＰ・地図作成／エヌケイクルー

青春新書
INTELLIGENCE

こころ涌き立つ「知」の冒険

いまを生きる

"青春新書"は昭和三一年に――若い日に常にあなたの心の友として、その糧となり実になる多様な知恵が、生きる指標として勇気と力になり、すぐに役立つ――をモットーに創刊された。

そして昭和三八年、新しい時代の気運の中で、新書"プレイブックス"にその役目のバトンを渡した。「人生を自由自在に活動《プレイ》する」のキャッチコピーのもと――すべてのうっ積を吹きとばし、自由闊達な活動力を培養し、勇気と自信を生み出す最も楽しいシリーズ――となった。

いまや、私たちはバブル経済崩壊後の混沌とした価値観のただ中にいる。その価値観は常に未曾有の変貌を見せ、社会は少子高齢化し、地球規模の環境問題等は解決の兆しを見せない。私たちはあらゆる不安と懐疑に対峙している。

本シリーズ"青春新書インテリジェンス"はまさに、この時代の欲求によってプレイブックスから分化・刊行された。それは即ち、「心の中に自らの青春の輝きを失わない旺盛な知力、活力への欲求」に他ならない。応えるべきキャッチコピーは「こころ涌き立つ"知"の冒険」である。

予測のつかない時代にあって、一人ひとりの足元を照らし出すシリーズでありたいと願う。青春出版社は本年創業五〇周年を迎えた。これはひとえに長年に亘る多くの読者の熱いご支持の賜物である。社員一同深く感謝し、より一層世の中に希望と勇気の明るい光を放つ書籍を出版すべく、鋭意志すものである。

平成一七年　　刊行者　小澤源太郎

著者紹介
茂木　誠〈もぎ まこと〉
東京都出身。駿台予備学校世界史科講師。ネット配信のＮ予備校世界史講師。「東大世界史」など国公立系の講座を主に担当。iPadを駆使した独自の視覚的授業が好評を博している。『世界史で学べ！ 地政学』（祥伝社）、『ニュースの"なぜ？"は世界史に学べ』（ＳＢ新書）など著書多数。個人ブログ「もぎせかブログ館」で時事問題について発信中。

ニュースの深層《しんそう》が見《み》えてくる
サバイバル世界史《せかいし》

青春新書
INTELLIGENCE

2017年12月15日　第１刷
2017年12月25日　第２刷

著者　茂《も》木《ぎ》　誠《まこと》

発行者　小澤源太郎

責任編集　株式会社プライム涌光
電話　編集部　03(3203)2850

発行所　東京都新宿区若松町12番１号 〒162-0056　株式会社青春出版社
電話　営業部　03(3207)1916　振替番号　00190-7-98602

印刷・中央精版印刷　製本・ナショナル製本

ISBN978-4-413-04528-5